LA FINANCE INCLUSIVE

Collection « L'esprit économique »

fondée par Sophie Boutillier et Dimitri Uzunidis en 1996
dirigée par Sophie Boutillier, Blandine Laperche, Dimitri Uzunidis

Si l'apparence des choses se confondait avec leur réalité, toute réflexion, toute Science, toute recherche serait superflue. La collection « L'esprit économique » soulève le débat, textes et images à l'appui, sur la face cachée économique des faits sociaux : rapports de pouvoir, de production et d'échange, innovations organisationnelles, technologiques et financières, espaces globaux et microéconomiques de valorisation et de profit, pensées critiques et novatrices sur le monde en mouvement...
Ces ouvrages s'adressent aux étudiants, aux enseignants, aux chercheurs en sciences économiques, politiques, sociales, juridiques et de gestion, ainsi qu'aux experts d'entreprise et d'administration des institutions.

La collection est divisée en six séries :

Dans la série *Economie et Innovation* sont publiés des ouvrages d'économie industrielle, financière et du travail et de sociologie économique qui mettent l'accent sur les transformations économiques et sociales suite à l'introduction de nouvelles techniques et méthodes de production. L'innovation se confond avec la nouveauté marchande et touche le cœur même des rapports sociaux et de leurs représentations institutionnelles.

La série *Economie formelle* a pour objectif de promouvoir l'analyse des faits économiques contemporains en s'appuyant sur les approches critiques de l'économie telle qu'elle est enseignée et normalisée mondialement. Elle comprend des livres qui s'interrogent sur les choix des acteurs économiques dans une perspective macroéconomique, historique et prospective.

Dans la série *Le Monde en Question* sont publiés des ouvrages d'économie politique traitant des problèmes internationaux. Les économies nationales, le développement, les espaces élargis, ainsi que l'étude des ressorts fondamentaux de l'économie mondiale sont les sujets de prédilection dans le choix des publications.

La série *Krisis* a été créée pour faciliter la lecture historique des problèmes économiques et sociaux d'aujourd'hui liés aux métamorphoses de l'organisation industrielle et du travail. Elle comprend la réédition d'ouvrages anciens, de compilations de textes autour des mêmes questions et des ouvrages d'histoire de la pensée et des faits économiques.

La série *Clichés* a été créée pour fixer les impressions du monde économique. Les ouvrages contiennent photos et texte pour faire ressortir les caractéristiques d'une situation donnée. Le premier thème directeur est : mémoire et actualité du travail et de l'industrie ; le second : histoire et impacts économiques et sociaux des innovations.

La série *Cours Principaux* comprend des ouvrages simples, fondamentaux et/ou spécialisés qui s'adressent aux étudiants en licence et en master en économie, sociologie, droit, et gestion. Son principe de base est l'application du vieil adage chinois : « le plus long voyage commence par le premier pas ».

Sous la direction de
Christophe Jadeau

La finance inclusive

Manuel du post-capitalisme financier

Préface de Pierre-Yves Gomez

L'Harmattan

5-7, rue de l'École-Polytechnique, 75005 Paris

http://www.editions-harmattan.fr

ISBN : 978-2-343-14881-6
EAN : 9782343148816

L'argent est serviteur ou maître
Proverbe attribué à Horace, Ier siècle av. J-C

Nul ne peut servir deux maîtres, car, ou il haïra l'un et aimera l'autre, ou il s'attachera à l'un et méprisera l'autre
Évangile selon saint Matthieu, 6:24, Ier siècle apr. J-C

N'estime l'argent ni plus ni moins qu'il ne vaut : c'est un bon serviteur et un mauvais maître.
Alexandre Dumas fils, *La Dame aux camélias* (1848)

Ne méprisent généralement l'économique que ceux qu'a cessé de harceler la névrose du pain quotidien. Un tour de banlieue serait préférable, pour les convaincre, à des arguments. [...] Le primat de l'économique est un désordre historique dont il faut sortir.
Emmanuel Mounier, *Le Personnalisme* (1949)

Il y a déjà bien longtemps que le moteur principal *de l'économie capitaliste mondiale n'est plus, comme aux plus beaux jours de l'époque fordiste, la production de marchandises concrètes [...] mais celle du « capital fictif », c'est-à-dire de cette somme fabuleuse de* paris spéculatifs *(toute reconnaissance de dette engageant, par définition un pari, d'autant plus spéculatif qu'elle a été « titrisée ») sur une richesse économique à venir dont on* espère *seulement – en croisant les doigts – qu'elle finira, un jour ou l'autre, par être effectivement couverte par la croissance réelle.*
Jean-Claude Michéa, *Notre ennemi : le capital* (2017)

SOMMAIRE

Préface

Depuis le début des années 1990, l'économie mondiale s'est « financiarisée ». Le mouvement fut impulsé par la nécessaire diversification des placements des caisses de retraites américaines, les fameux fonds de pension. L'épargne des futurs retraités a été confiée au marché boursier, d'où une explosion de l'offre de financement. Les entreprises ont cherché à attirer cette manne en promettant des rendements élevés ce qui mit « la création de valeur pour l'actionnaire » au cœur de leur gouvernance. La financiarisation s'est ainsi imposée : d'humble servante la finance est devenue maîtresse.

Faut-il se plaindre de cette tyrannie ? Pour certains, elle est vertueuse, elle produit un développement inouï et une vague d'innovations sans précédent. Pour d'autres, dont je suis, elle accroît un déséquilibre social, une spéculation effrénée et une course à l'innovation qui épuise les hommes, les ressources et la planète. Au final, elle conduit à cette perte de sens qui hante les entreprises et les salons.

Mais comment sortir d'une économie financiarisée si étroitement tricotée qu'une part non négligeable des fonds investis en capital des entreprises permet d'assurer les retraites de millions de salariés ? Comment faire quand notre prospère consumérisme se nourrit de la spéculation sur d'hypothétiques révolutions technologiques ?

Il n'y aura pas de Grand Soir de la financiarisation tant nos économies sont désormais soumises aux effets de la finance massive, du dopage par les profits ou d'une création destructrice intensive, présentée comme l'unique solution pour éviter l'effondrement : détruire toujours plus de capital productif pour maintenir l'illusion de son accumulation.

On peut tenter néanmoins des contestations actives. Elles supposent de remettre la finance à sa place, simple servante de l'activité économique ; servante des desseins que se donnent des entrepreneurs utiles ; servante des projets qui deviennent, patiemment, des réalités solidaires.

Cet ouvrage est de ceux qui, au lieu de dénoncer une ruine que chacun connaît déjà et d'annoncer un bouleversement radical auquel personne ne croit vraiment, cherche modestement à remettre la finance à sa place. Une place importante quand elle sert l'utile. En puisant leurs exemples dans un large panorama d'outils de financement au service de projets individuels ou collectifs, les auteurs montrent la vitalité des initiatives pour remettre la finance au service de la société.

Mais ce n'est pas tout que de présenter des initiatives. Les auteurs cherchent aussi à montrer ce qui substantiellement peut unifier les projets de l'économie réelle et la logique propre à la finance. Quand on les oppose en effet, n'est-ce pas parce qu'on ignore qu'entre ces deux roues, un essieu est indispensable pour qu'elles fonctionnent ensemble et au bon rythme ? Cet essieu qui les sépare et les rend solidaires est sans doute le terme le plus mal compris de notre ère politique et pourtant le plus urgemment nécessaire : la recherche du bien commun.

Pierre-Yves GOMEZ
Novembre 2018

Introduction

« De la même manière que le communisme et le marxisme se sont effondrés sur le mur de Berlin, le libéralisme et le capitalisme financier pourraient s'effondrer sur un autre mur, le mur de Wall Street. » Ainsi l'économiste Bruno Roche, chef économiste de Mars Inc. et chef de file du courant de l'Économie de la réciprocité, concluait-il son intervention introductive à la table ronde consacrée au capital et au travail lors des journées de lancement de Refondation le 18 novembre 2017 : ce mouvement politique, dont Bruno Roche fait partie, entend réorienter l'action commune vers la défense de liens humains et vers une solidarité qui passe par l'échange et la réciprocité, plus que par la simple distribution d'allocations provenant d'un État centralisé et impersonnel.

Son constat s'appuie sur l'idée que, l'économie consistant à gérer la rareté, la conception économique du capitalisme financier a eu tout son sens à une époque où le capital financier était rare, mais que c'est beaucoup moins vrai en période de surabondance de liquidités et alors que certaines multinationales atteignent des tailles financièrement supérieures à celles de bien des États.

Bruno Roche observe également une explosion de la sphère financière, devenue son propre horizon, déconnectée de la sphère réelle : *« Aujourd'hui, il y a 9 000 milliards de dollars investis à taux négatif : l'équivalent du PIB de l'Allemagne, de la France et du Japon. 30 000 milliards sont investis à des taux inférieurs à 1 % : l'équivalent du PIB de l'Union européenne et des États-Unis. Le système financier n'est plus du tout au service de l'économie, il n'est même plus au service de lui-même : même l'engagement de faire fructifier l'argent des investisseurs n'est plus tenu. »*

La finance est donc au cœur des questions économiques contemporaines : dans le travail de définition d'un projet politique axé sur le lien et le partage, il est naturel de se pencher en particulier sur les problèmes posés par l'hégémonie financière moderne, afin d'éviter une crise qui toucherait en premier lieu ceux qui sont déjà les plus vulnérables. La surabondance de liquidité pointée par Bruno Roche ne doit cependant pas induire en erreur : dans l'état actuel des choses, tous les projets humains ne trouvent pas forcément de financement, y compris lorsqu'ils sont solides et fiables.

Lors de ces mêmes journées de lancement de Refondation, l'économiste Pierre-Yves Gomez précisait le paradoxe de la difficulté à trouver des financements dans un univers où les liquidités sont surabondantes, l'expliquant par une très forte concentration : *« Les 84 premières entreprises françaises ont pompé 90 % des levées de fond sur les marchés financiers depuis vingt-cinq ans. Ça veut dire que 84 entreprises ont aspiré l'épargne collective, pour devenir de très grandes entreprises. [...] La finance, c'est énormément d'argent, mais concentré sur très peu d'entreprises. »*

Le nécessaire effort de « définanciarisation » de l'économie réelle n'est donc pas incompatible avec la promotion de nouveaux produits susceptibles d'améliorer l'inclusion financière. La finance n'est pas l'ennemi : si elle contribue au problème, elle peut aussi constituer une partie de la solution. Nous n'éviterons pas la prochaine crise si nous ne mettons pas la sphère financière dans la balance, en tenant compte également de tout ce qu'elle peut proposer de vertueux et d'utile à la société.

Fondamentalement, la finance n'est pas un problème de riches. Nombreuses sont les personnes modestes dont le manque de moyens en fait une question vitale et un sujet de préoccupation quotidien. Qu'on songe simplement qu'un allocataire du RSA[1], en France, doit faire couramment face à des frais bancaires qui avoisinent la centaine d'euros[2], ou que les habitants de bidonvilles doivent des sommes considérables à des usuriers car ils n'ont pas accès aux banques, et l'on comprendra que le problème financier n'est pas seulement une conséquence indirecte de leur situation précaire : il peut en constituer un facteur aggravant. Par contraste, il faut souhaiter que tous aient accès à des outils adaptés à leur situation, afin de pouvoir de ce fait se concentrer sur la vie « réelle » et ne faire de la finance qu'un sujet de préoccupation secondaire.

Pourtant, dans un contexte politique actuel nourri de stéréotypes, l'expression de « finance inclusive » paraît contradictoire : nombre de ceux qui utilisent l'adjectif « inclusif » à longueur de discours ne portent pas la finance dans leur cœur, alors que les financiers n'ont pas

---

[1] 550,93 € en avril 2018 pour une personne seule sans enfant.

[2] Espérons que l'engagement récent des banques à plafonner ces frais à 25 € par mois sera suivi d'effet.

la réputation d'être des égalitaristes forcenés. Dans un vaudeville dont les acteurs ont tendance à devenir leur propre caricature, les simplifications médiatiques ont souvent attribué à la « gauche » la notion de solidarité, avec une inclusion plus comprise comme une manière de rendre visible des « minorités » que comme une intégration véritable des personnes à un projet de communauté nationale. Réciproquement, la notion d'efficacité économique, par l'utilisation d'outils adéquats, reste associée à une vision « de droite ». Indifférents à ces querelles stériles, les acteurs de terrain travaillent de concert à « l'inclusion bancaire et financière », depuis fort longtemps. Loin des idéologies, associations, élus locaux, institutions financières et entreprises savent se montrer très inventifs, ensemble, pour que chacun ait accès à des outils financiers parfois vitaux, dans un monde où les échanges humains les plus simples nécessitent leur mise en œuvre. En ce sens, une réflexion sur la finance « inclusive » permet d'esquisser les principes d'un positionnement économique et politique, par opposition à une finance « exclusive », qui tourne pour elle-même, à vide. Et si l'association des mots « finance » et « inclusion » dans une même expression permettait de leur redonner leurs lettres de noblesse, par un retour à leur sens premier ?

Nous souhaitons fonder une vision politique sur la personne, en suscitant les conditions de son émancipation et en travaillant à toujours plus de justice sociale. L'option préférentielle pour les pauvres constituant notre boussole politique, il nous a paru indispensable de définir la juste place à donner aux questions financières, loin de la polarisation entre l'angélisme de la dérégulation heureuse et la diabolisation d'institutions pourtant indispensables. Cet ouvrage se consacre donc à la *finance*, prise dans son acception la plus restreinte d'un secteur d'activité spécialisé dans le financement des opérations économiques, privées (ménages, entreprises, associations…) ou publiques : par exemple, les « finances » publiques ne seront abordées que sous l'angle des interactions de l'État avec les marchés financiers, et non dans le détail des principes d'une bonne comptabilité de l'administration.

Nous nous attacherons à développer des exemples pratiques, sous l'angle le plus microscopique possible, tout en nous inscrivant dans le cadre des principes généraux de l'Économie de la réciprocité. Cette dernière est vouée à mieux étudier la rareté contemporaine là où elle se situe (ressources humaines, naturelles…), en élargissant le champ des préoccupations des économistes mais aussi de la gouvernance des entreprises : nous sommes convaincus que la promotion du financement de projets justes, inspirés et durables peut paradoxalement contribuer à sortir de l'hégémonie d'une finance qui tourne à vide.

Ce petit livre s'inscrit également dans le bouillonnement de réflexions théoriques et d'actions pratiques de la sphère « personnaliste », héritière d'Emmanuel Mounier, Jacques Ellul, Emmanuel Levinas et Paul Ricœur : il fera écho à l'émergence du Blue Labour au Royaume-Uni, à l'esprit de l'ouvrage *À contre-courant,* programme-cadre des Poissons Roses, aux riches contributions du laboratoire *Esprit Civique* ou encore à l'émergence de l'« écologie intégrale », portée notamment par la revue *Limite*, avec l'impulsion de l'encyclique *Laudato Si* du pape François. Sans compter l'action constante de nombreuses associations, d'intellectuels et de personnes engagées de longue date dans la vie de la cité, qui posent les fondations concrètes d'une alternative réaliste à un credo néolibéral épuisé.

Dans cet écosystème, la finance est omniprésente mais le plus souvent en arrière-plan, car elle n'est vue que comme le moyen d'atteindre nos objectifs politiques. Elle mérite pourtant d'être traitée à part, en raison de son formidable potentiel (si son usage est maîtrisé), mais aussi en raison de ses impacts négatifs, d'une ampleur potentiellement inédite tant sur l'économie que sur la société tout entière, dès lors qu'elle se coupe du réel et fonctionne en vase clos. Elle transforme alors le produit de l'économie réelle en plus-value financière pour en capter la rentabilité au profit d'une petite caste mondialisée et nomade[3].

Notre ouvrage illustre en outre l'efficacité de la méthode promue par la pensée personnaliste, qui met l'accent sur la subsidiarité : en matière financière aussi, il est souvent efficace de regrouper au niveau local des acteurs variés, des organismes financiers aux collectivités locales en passant par les associations de lutte contre l'exclusion.

Parmi les publications récentes, on retiendra notamment *Money Honnie*, de Bertrand Badré, qui partage avec nous la volonté d'orienter le potentiel des banques et des assurances vers le bien commun, en favorisant l'innovation, en progressant vers une coordination mondiale et en corrigeant les excès liés à la perte de repères ou à la dérégulation. Ce livre, qui s'appuie sur la très triche expérience de l'auteur et ouvre notamment des perspectives nouvelles dans le domaine du développement, apporte un éclairage complémentaire au nôtre, souvent moins macroscopique dans son approche.

Après une courte présentation du cadre théorique et pratique de l'Économie de la réciprocité, nous verrons d'abord comment la finance peut être mise au service de l'émancipation des personnes, pour leur permettre de

---

[3] Christopher Lasch, *La Révolte des élites et la trahison de la démocratie*, Flammarion, 1995.

contribuer à la co-création d'un monde bien réel. Cette partie est plus longue que la suite : cela paraît la moindre des choses dans une optique personnaliste, d'autant que l'importance d'un accès à des produits financiers ajustés à nos besoins est souvent mal mesurée. Dans un deuxième temps, nous rappellerons l'utilité d'outils de financement des projets collectifs au service du bien commun, puis nous ouvrirons la réflexion sur les bases d'une régulation publique en partie décentralisée et à même de garantir à la fois la stabilité du système et de contribuer à la justice sociale.

Une vision qui s'appuie sur l'Économie de la réciprocité et le refus de l'« Éconocratie »

Notre cadre de pensée

Les perspectives économiques dans lesquelles nous plaçons notre vision politique trouvent leurs sources dans des constats parfaitement illustrés par l'économiste Bruno Roche le 18 novembre 2017, lors d'une table ronde sur le capital et le travail, au cours des journées de lancement du parti Refondation :

« L'économie est au centre de notre culture, elle a pris une place prépondérante, démesurée, même, par rapport aux autres thèmes. C'est un fait : l'économie, aujourd'hui, gère le monde. Il y a cinquante ans, c'étaient les États-Nations, il y a un siècle c'était la puissance militaire : aujourd'hui c'est l'économie.

« L'économie, c'est la gestion de la rareté : il y a eu trois changements majeurs depuis une cinquantaine d'années, car les raretés ont changé de nature.

- *Il y a cinquante ans, le capital financier était rare, mais le capital naturel ou les ressources humaines ne l'étaient pas. Et il était donc tout à fait naturel que les économistes inventent le capitalisme financier, pour adresser une forme de rareté.*

Aujourd'hui, le capital financier est surabondant, et d'autres formes de rareté sont apparues dans le système, qui ne sont pas adressées. On est donc dans une situation sous-optimale, puisqu'on crée en abondance un capital déjà surabondant, tout en ignorant d'autres formes de rareté qui sont nécessaires au bon fonctionnement de l'économie.

- *Au passage, les entreprises multinationales ont grandi considérablement, jusqu'à devenir des acteurs politiques au sens propre. Mon entreprise (Mars Inc.), qui est une multinationale moyenne, a par exemple un chiffre d'affaires égal à deux fois le PIB d'un pays comme la Côte d'Ivoire. Quand mon P-DG va rencontrer le président de la Côte d'Ivoire, il représente deux fois sa taille, en termes purement économiques. Et malgré tout, les multinationales ne se sont pas équipées pour gérer la complexité qu'elles ont elles-mêmes générée.*
- *Troisième grand changement : l'explosion de la sphère financière. Le monde financier, qui avait été conçu au départ pour être au service de l'économie en apportant de la liquidité à un système qui en manquait, est devenu une source de richesse à part entière, complètement déconnecté de l'économie. Aujourd'hui, il y a 9 000 milliards de dollars investis à taux négatif : l'équivalent du PIB de l'Allemagne, de la France et du Japon. 30 000 milliards sont investis à des taux inférieurs à 1 % : l'équivalent du PIB de l'Union européenne et des États-Unis. Le système financier n'est plus du tout au service de l'économie, il n'est même plus au service de lui-même : même l'engagement de faire fructifier l'argent des investisseurs n'est plus tenu.*

« De grands chantiers sont en cours actuellement, ouvrant la voie à une nouvelle économie : la rareté ayant changé de nature, l'économie est appelée à changer d'objet.

- *Passage d'une économie de service (environ 80 % de l'activité des pays développés) à une économie de la connaissance. C'est un changement qui n'arrive que tous les quarante ou cinquante ans, et qui va bouleverser la manière dont on gère les ressources et dont on les crée. Paradoxalement, l'économie de la connaissance est beaucoup moins gourmande en capital financier que l'économie des services ou l'économie industrielle. On aura donc moins besoin de capital financier dans les années à venir.*
- *L'émergence de classes moyennes en provenance d'Inde, de Chine et d'Afrique constitue le deuxième grand changement* (Bottom of the Pyramid) *: ces classes moyennes représentent aujourd'hui environ 5,5 milliards de personnes, alors que l'essentiel des entreprises ne s'adressent qu'au haut de la pyramide, constitué de 1,5 milliard de personnes. D'un point de vue purement économique, le souci de répondre aux besoins et de créer des richesses dans cette partie du monde va appeler également à une refondation complète du modèle économique et, encore ici, à mobiliser des ressources qui n'existaient pas il y a cinquante ans.*

« Aujourd'hui, nous ne sommes pas dans un système en crise, mais dans un système sous-optimal : le monde économique et le monde de l'entreprise fonctionnent avec des niveaux d'optimum inférieurs à ceux d'il y a cinquante ans. Compte tenu de la taille de ces grands mastodontes avec lesquels nous travaillons, si le système n'est pas remis à son niveau d'optimalité, il va se fracasser contre

un mur. De la même manière que le communisme et le marxisme se sont effondrés sur le mur de Berlin, le libéralisme et le capitalisme financier pourraient s'effondrer sur un autre mur, le mur de Wall Street. »

Dans ce contexte, notre réflexion politique entretient un rapport à l'économie marqué par deux principes fondamentaux : d'une part notre projet s'inscrira dans le cadre de l'essor de l'Économie de la réciprocité, et d'autre part notre méthode aura pour but de s'extraire du désastreux primat de l'économique sur le politique.

Nous plaçons donc nos espoirs dans l'Économie de la réciprocité (*economics of mutuality*), telle qu'elle a été définie depuis plusieurs années, notamment dans le cadre d'un partenariat entre l'université d'Oxford (Saïd Business School) et Catalyst (*think tank* de la multinationale agroalimentaire Mars Inc.). Un ouvrage de Bruno Roche et Jay Jakub, *Completing Capitalism*, en décrit en 2017 les grands principes et donne des exemples concrets de leur mise en œuvre au sein de l'entreprise Mars.

L'Économie de la réciprocité s'appuie sur plusieurs axiomes, intuitions confirmées au fur et à mesure des expériences conduites :

1. Lorsque la réciprocité devient le *modus operandi* de la création de valeur dans un écosystème *« business »*, le profit généré pour tous est supérieur à ce qui est obtenu dans un écosystème où seuls les intérêts de l'un des acteurs (par exemple les actionnaires) sont pris en considération.
2. Le principe de réciprocité peut se traduire en *« business model »*, par la définition de nouvelles pratiques managériales qui s'appliquent à la gestion de capital social, humain et naturel (qu'on

sait mesurer) de l'écosystème dans lequel l'entreprise opère.

3. Ce type de *« business model »* fondé sur un écosystème – par opposition à une entreprise isolée – et sur la gestion de nouvelles formes de capitaux – par opposition au seul capital financier – génère une performance supérieure, y compris sur un plan purement financier.
4. Ce nouveau type de *« business model »* repositionne l'entreprise au cœur de la cité : de simple acteur ne défendant que les intérêts financiers de court terme de ses actionnaires, elle devient une institution capable de faire face aux défis qui se posent à la société dans son ensemble et d'y apporter des propositions de réponses mesurables et profitables.

La réflexion sur la pluralité des acteurs et des intérêts, par opposition à la version réductrice du capitalisme actionnarial qui a cours depuis les années 1970, n'est pas foncièrement nouvelle, mais l'Économie de la réciprocité apporte une systématisation de la proposition alternative : elle traduit les principes théoriques en objectifs managériaux opérationnels et concrets, et elle prouve qu'une autre manière de faire est possible.

L'apport le plus révolutionnaire des travaux menés conjointement à Oxford et chez Mars est sans doute la vérification, sur des pans précis de l'activité d'une entreprise, du fait que la multiplication des types d'acteurs et des formes de valeur (financière, sociale, environnementale…) pris en considération améliore non seulement le résultat « social » et « environnemental » de la production mais également son rendement financier.

C'est dans cette optique que des pistes de réformes sont envisagées en France par Emmanuel Macron début 2018, sous l'inspiration de plusieurs dirigeants de grandes sociétés, dont Emmanuel Faber (P-DG de Danone), qui avait été invité au premier forum à Oxford en 2016. Réelle conversion du président français à l'Économie de la réciprocité ou preuve parmi d'autres de la formidable capacité du capitalisme financier à assimiler des idées tous azimuts pour mieux les vider de leur substance ? L'avenir nous le dira…

Par ailleurs, la constitution d'une politique économique sera attentive au danger démocratique que représente une situation d'« éconocratie », à savoir *« une société dans laquelle les objectifs politiques sont définis au travers de leur effet sur l'économie, sous la croyance que cette dernière constitue un système distinct, muni de sa propre logique et qui doit être géré par des experts*[4] *»*.

Un des signes de ce paradigme : il est impensable qu'un parti gagne une élection s'il n'apparaît pas *crédible* sur le plan économique alors que, plus étrangement, on lui pardonnera des imprécisions sur l'agriculture ou sur l'exclusion sociale. Plus insidieusement, il n'est pas rare qu'un adversaire discrédite un projet politique non pas sur le fond, mais en l'accusant de contredire la théorie économique dominante.

Les auteurs de *The Econocracy* dénoncent en outre un enseignement de l'économie (qualifié d'« endoctrinement ») dont le monde réel est totalement évincé, sous la domination hégémonique du courant néoclassique. En effet, les cursus académiques dépendent entièrement de l'école néoclassique et ignorent la multitude des courants économiques : néokeynésiens,

[4] John Earle, Cahal Moran et Zach Ward-Perkins, *The Econocracy - On the perils of leaving economics to the experts*, Manchester University Press, 2016.

marxistes, autrichiens, institutionnalistes, féministes, évolutionnistes, écologistes[5].

Dès lors, selon eux, le mélange d'un asservissement du politique à l'expertise économique et d'une hégémonie de la pensée néoclassique dans le champ académique conduit à un cocktail détonnant, qui détruit tout pluralisme et toute liberté politique. En développant la chimère d'une science unifiée et incontestée, l'approche néoclassique s'appauvrit elle-même et se prive d'occasions de dépasser ses propres limites.

Nous rejoignons ce constat et ajoutons que l'époque moderne a poussé à son extrême la situation qui faisait déjà dire à Emmanuel Mounier, en 1949, que *« le primat de l'économique est un désordre historique dont il faut sortir* [6]*»*.

John Milbank et Adrian Pabst, membres du mouvement Blue Labour au Royaume-Uni et proches de Refondation, font, dans *La Politique de la Vertu*, un formidable travail qui contribue à remettre cette situation dans une perspective historique et philosophique. En partant des théoriciens du contrat social (Rousseau, Hobbes, Locke…) et en passant – entre autres – par Rawls et Weber, ils montrent combien l'intrication du politique et de l'économique est au fondement de la pensée philosophique libérale. Sur la base de la vision, essentiellement pessimiste, d'un homme naturellement violent, se construisent d'une part un État fort, centralisateur et bureaucratique, pour contrer les pulsions les plus violentes, et d'autre part des marchés de libre

---

[5] Nous ajouterions bien entendu le jeune champ de l'économie de la réciprocité.

[6] Emmanuel Mounier, *Le Personnalisme*, Presses universitaires de France, 1949.

contractualisation, visant à canaliser toutes les autres pulsions. Ils démontrent la manière dont ces intuitions, construites pour garantir une liberté dite « négative » (celle qui, selon le proverbe, s'arrête là où commence celle des autres…), finissent par se refermer sur la liberté démocratique.

Le « post-capitalisme » évoqué par le sous-titre de notre ouvrage fait écho, dans une acception restreinte à la sphère économique, au « post-libéralisme » qui figure en sous-titre à l'ouvrage de Milbank et Pabst : *Post-libéralisme et avenir humain.* L'alternative qu'ils appellent de leurs vœux se déploie à la fois sur le plan économique, social et politique : *« Cette combinaison paradoxale, nous l'appelons ici "post-libéralisme". Dans l'économie, le post-libéralisme signale un passage du capitalisme de marché dit libre à la justice économique et à la réciprocité. Dans la société, elle marque le passage de l'individualisme et de l'égalitarisme à la solidarité sociale et aux relations fraternelles. Sur le plan politique, elle marque le passage d'une politique minoritaire favorisant certains intérêts et d'une identité de groupe morcelée à une politique majoritaire basée sur un équilibre des intérêts et un sentiment d'appartenance partagé*[7]*. »* Modestement, à l'échelle de cet ouvrage, nous tenterons d'analyser la situation actuelle de la sphère financière, pour y déceler les fondations d'une finance qui s'inscrive dans une vision politique plus globale de relations positives et de « vertu ».

Ainsi donc, l'essentiel des orientations politiques de ces dernières décennies sont présentées en général comme des

---

[7] Extrait de la préface à l'édition française. John Milbank et Adrian Pabst, *La Politique de la Vertu*, Desclée de Brouwer, 2018.

obligations économiques (au service de grands indicateurs macroéconomiques comme la croissance du PIB ou encore l'emploi) et non comme des choix politiques. De même, des querelles de chiffres ou des pinaillages techniques (en général assez éloignés de toute réelle démarche scientifique) polluent constamment les débats. Or, la science économique doit éclairer la décision politique et non la remplacer : les travaux des chercheurs permettent de mesurer les impacts des politiques sur des grandeurs économiques précises (dans un contexte et sous des hypothèses toujours à expliciter), mais les arbitrages doivent procéder de l'expression démocratique et non d'un sentiment de nécessité confusément infusé par des experts (le plus souvent autoproclamés).

En refusant la fatalité du capitalisme financier et en élargissant le champ des objectifs à prendre en compte dans la définition de la finalité des entreprises, l'Économie de la réciprocité fournit une première réponse à l'impasse de l'éconocratie. De même, dans notre réflexion de politique économique, nous nous fixons comme cap de ne pas donner le primat aux conséquences macroéconomiques des mesures qu'on pourra étudier, mais de considérer également les impacts sociaux, collectifs, culturels, environnementaux…

Dans ce contexte, la suite de cet ouvrage s'appliquera à étudier dans quelle mesure les outils financiers peuvent être mis au service de l'économie et de la société, et combien ils sont utiles et efficaces dès lors qu'ils ne servent pas leur propre finalité. On constatera notamment que de nombreuses innovations financières vertueuses s'inscrivent dans un contexte multipartite tout à fait cohérent avec les principes de l'Économie de la réciprocité, même s'ils n'en suivent pas forcément le cadre formel précis : c'est lorsque la recherche de solutions sort des sentiers battus de la maximisation court-termiste de l'intérêt financier individuel que les institutions financières sont capables de proposer à des populations touchées par l'exclusion des outils adaptés à leurs besoins et contribuant à leur émancipation.

La finance pour l'émancipation des personnes

Chapitre 1

Pour que l'accès aux services financiers ne constitue plus un frein au développement personnel des individus et des ménages

Dans la France du XXIe siècle, avoir un compte en banque est chose facile et naturelle : il y est donc difficile d'imaginer les difficultés de celui qui n'y a pas accès. Percevoir un salaire, une allocation, payer le propriétaire de son logement, un fournisseur d'énergie, assurer sa voiture, faire face à un besoin ponctuel de trésorerie ou au contraire stocker une rentrée d'argent pour pouvoir l'utiliser dans des temps plus difficiles : toutes ces activités de la vie quotidienne supposent de disposer d'un accès adéquat à des services financiers efficaces.

La détention d'un compte courant est considérée comme la première étape de l'inclusion financière et, plus largement, économique : nécessaire pour mener l'essentiel des opérations listées ci-dessus, le compte en banque sécurise et réduit le coût des transactions, donne plus de souplesse dans la gestion de la trésorerie et de la liquidité, renforce l'autonomie financière de celui qui en est le titulaire, réduit le risque de fraude et permet de lisser la consommation et l'épargne. Le compte courant est également le point d'entrée vers d'autres services financiers facteurs d'émancipation des personnes : crédit, épargne et assurance.

À défaut de services financiers adaptés à ses besoins, un ménage ou un individu devra soit renoncer à certains projets, soit se fournir auprès du secteur financier informel, qui fragilise les transactions, augmente le risque de fraude et renforce la dépendance envers l'environnement familial dans le meilleur des cas ou, au pire, envers des réseaux mafieux.

L'exclusion financière, miroir et accélérateur des inégalités

La communauté internationale s'est saisie du sujet de la lutte contre l'exclusion financière, notamment depuis le sommet du G20 à Pittsburgh en 2009. La Banque mondiale a donc constitué une base de données appelée « Global Findex » et qui révèle qu'en 2011, dans le monde, un adulte sur deux n'utilise aucun service financier formel [Demirgüç-Kunt et Klapper, 2013] : ce chiffre de l'inclusion financière connaît de fortes variations d'un pays à l'autre et, au sein d'un pays, en fonction des revenus. L'absence d'accès au secteur formel contraint les individus à se limiter à des moyens informels, ce qui entretient une « trappe à inégalités », où les exclusions sociale et financière s'entraînent mutuellement : l'individu qui ne dispose pas de la stabilité nécessaire à l'obtention d'un produit financier formel passe, par là même, à côté d'un outil qui pourrait lui permettre de se stabiliser.

Ce constat permet d'ores et déjà d'entrevoir qu'une lutte intégrée pour l'inclusion doit passer par la conjugaison d'une action volontariste des établissements financiers et d'un accompagnement concret par des acteurs sociaux.

La finance informelle vient compléter de manière hétéroclite les services proposés : si la moitié des personnes qui n'accède pas au secteur formel utilise toutefois des services alternatifs, l'épargne est essentiellement réalisée dans les institutions dédiées alors qu'au contraire, les crédits proviennent en majorité de l'entourage de l'emprunteur.

Les raisons de ne pas avoir de compte courant sont diverses, mêlant choix personnels et contraintes extérieures : de nombreuses personnes expliquent qu'elles n'ont pas assez d'argent pour justifier le recours à un compte bancaire, d'autres évoquent le coût trop élevé des services, l'utilisation d'un compte détenu par un autre membre de la famille[8], la trop grande distance des acteurs financiers, l'insuffisance de la documentation, le manque de confiance dans les établissements financiers et enfin des raisons religieuses. Dans ce contexte, les secteurs ruraux et isolés sont particulièrement touchés, soit parce que les services financiers y sont géographiquement inexistants, soit parce qu'ils coûtent trop cher. De même, les femmes sont davantage concernées par une exclusion financière liée à l'utilisation du compte en banque d'un membre de la famille, qui les rend dépendantes. Si globalement les plus diplômés accèdent plus facilement à la finance formelle, ils sont également plus susceptibles de manquer de confiance dans le secteur. L'impact de l'âge, enfin, est plus difficile à mesurer [Fungáčová et Weill, 2015], en raison de la coexistence d'un effet lié à la place dans le cycle de vie (l'inclusion bancaire s'accroît au

[8] On entend par là l'utilisation d'un compte dont on n'est pas titulaire et sur lequel on n'a aucun droit, et non l'emploi d'un compte commun.

cours de l'existence) et d'un effet contradictoire lié à la génération (les nouvelles générations étant davantage bancarisées).

Les raisons culturelles ne doivent pas être ignorées. La Chine présente ainsi un taux d'inclusion financière de 66 %, bien supérieur à celui des autres « BRICS » (Brésil, Russie, Inde, Afrique du Sud), mais 82 % de son épargne passe par le secteur formel alors que 94 % des crédits proviennent du secteur informel, essentiellement familial [Fungáčová et Weill, 2015]. De même, le développement de la finance islamique témoigne de la volonté d'inclure des populations concernées par des interdits d'ordre religieux.

Le Pérou constitue un exemple intéressant de progrès possible : l'inclusion financière de base n'y concerne que 20 % de la population [Cámara, Peña et Tuesta, 2014], et les crédits y constituent un vecteur d'inclusion plus important que l'épargne. Les groupes sociaux exclus du système financier sont ceux qui, classiquement, sont les plus vulnérables : les femmes, les ruraux et les jeunes. En réponse, une politique volontariste a été mise en œuvre [Cámara et Peña, 2014] : une loi de 2012 a proposé une plateforme électronique regroupant les institutions financières, les entreprises de télécommunication et les emprunteurs, afin de développer la banque à distance *via* les terminaux mobiles. En simplifiant l'accès aux services financiers, ce service vise à réduire les barrières à l'inclusion bancaire.

Partant du principe qu'une utilisation large de la plateforme générera des économies d'échelle, le système mis en place ambitionne d'atteindre les utilisateurs en trois temps, en imbriquant l'inclusion bancaire et la connexion aux réseaux mobiles : 4 millions de personnes qui disposent déjà d'un compte en banque et d'un téléphone mobile, puis 9 millions qui possèdent un mobile mais pas d'accès bancaire, et enfin 5 millions d'utilisateurs aujourd'hui sans téléphone ni compte de transaction.

Comme le souligne l'exemple péruvien, la possession et l'utilisation de comptes formels étant plus forte lorsque l'environnement favorise l'accès aux services financiers (par des coûts raisonnables et une certaine proximité des établissements), les politiques ciblées susceptibles de favoriser l'inclusion des plus exclus sont les suivantes :

- encourager les banques à proposer des offres « de base », bon marché ;
- adapter le coût administratif aux risques effectifs afin d'éviter que le poids de la bureaucratie ne constitue une barrière à l'accès aux services les plus simples ;
- autoriser et promouvoir la banque à distance ;
- effectuer systématiquement les versements publics sur des comptes bancaires.

En Europe, les exclus financiers sont plus rares, donc plus stigmatisés

L'accès des ménages aux services financiers constitue donc un reflet des inégalités sociales dans le monde, et présente des réalités contrastées. Les pays émergents sont encore marqués par des taux de bancarisation relativement faibles et qui peuvent constituer un frein à l'émancipation, notamment pour les femmes, les populations rurales et les moins diplômés.

La situation française est sensiblement différente : en 2003, selon l'Eurobaromètre, seuls 2 % des adultes n'ont ni compte en banque, ni épargne, ni crédit dans le secteur formel [Commission européenne, 2008]. Cette exclusion financière globale touchait 7 % des adultes dans l'Union européenne à 15 membres (3 % en Allemagne, 8 % en Espagne, 16 % en Italie), mais 47 % parmi les dix nouveaux pays entrants (soit un *ratio* proche de la moyenne mondiale). Globalement, les leviers d'exclusion sociale habituellement identifiés en Europe expliquent aussi le moindre accès aux services financiers : les faibles revenus, le chômage, la situation de parent isolé, l'inaptitude au travail, l'âge, le faible niveau d'éducation, l'immigration, l'appartenance à un quartier défavorisé et la présence d'exclusion financière dans l'entourage.

La réalité française s'explique aussi par un contexte législatif porteur : la loi bancaire du 24 janvier 1984 a posé les bases d'un « droit au compte » dont les contours ont été aménagés depuis. L'article L312-1 du Code monétaire et financier précise la procédure à suivre : la personne qui s'est vu opposer un refus d'ouverture de compte doit saisir la Banque de France, qui assignera à un organisme l'obligation de mettre à la disposition du client un service bancaire de base. La loi du 26 juillet 2013 a créé en outre un Observatoire de l'inclusion bancaire, sous l'égide de la Banque de France : ce dernier précise, dans son rapport annuel 2015, que 3 millions de clients bancaires peuvent être considérés en situation de fragilité financière et que 500 000 Français n'ont pas accès à un compte bancaire.

De manière comparable, un « bureau central de tarification » peut être saisi par toute personne qui désire s'assurer contre un risque pour lequel la couverture est obligatoire[9] et qui s'est vu opposer un refus par un organisme d'assurance.

[9] Entrent dans le champ du BCT : assurances responsabilité civile automobile, assurances construction, assurances des catastrophes naturelles et assurances de la responsabilité civile médicale.

La directive européenne « comptes de paiement » du 23 juillet 2014 est venue consacrer dans toute l'Union les contours d'un droit au compte dont les modalités d'application sont mises en œuvre par les États-Membres. Ainsi donc, désormais, tout Européen a formellement les moyens d'exercer son droit à disposer d'un compte de dépôt assorti de prestations de base, selon des principes pour lesquels la France a fait figure de précurseur.

Le fort taux d'inclusion financière et le droit au compte en France et en Europe ont cependant leur revers : l'exclusion n'en devient que plus forte pour ceux qui en souffrent, car plus la bancarisation est généralisée, plus elle est indispensable au quotidien et plus les réseaux informels présentent un visage sordide.

Une enquête[10] auprès des ménages européens permet d'identifier, toutes choses égales par ailleurs, les catégories davantage touchées par l'absence de compte en banque en 2014 : les plus âgés, les sans-emploi, les ménages au revenu et au patrimoine le plus faible, les personnes seules ou au contraire les foyers comprenant plus de cinq personnes. Être grec, italien ou chypriote renforce la probabilité de ne pas être bancarisé, alors qu'être français, allemand ou espagnol la diminue [Coffinet et Jadeau, 2017]. Il semblerait donc que les catégories marquées par un plus fort risque de difficultés économiques ou d'isolement social sont aussi celles qui rencontrent plus fréquemment des difficultés d'accès aux services financiers.

En France, l'exclusion financière concerne donc les personnes trop désocialisées pour avoir un compte en banque mais aussi celles qui n'ont pas accès au crédit ou à l'épargne et celles qui doivent assumer des coûts démesurés : il n'est pas acceptable, par exemple, qu'un

---

[10] Household Finance and Consumption Survey (HFCS).

bénéficiaire du RSA doive faire face à des frais bancaires proches de la centaine d'euros, ou qu'une personne solvable mais pas très aisée n'ait d'autre choix que de recourir à un crédit renouvelable pour financer ses projets à un taux prohibitif.

Les nouvelles technologies et les nouveaux acteurs offrent des perspectives d'inclusion

Ce long détour descriptif nous paraissait inévitable tant la réalité de l'exclusion financière est souvent méconnue, et parfois vue seulement comme une conséquence de l'exclusion sociale alors qu'elle en est aussi l'une des causes. Toutes les associations qui travaillent avec les personnes les plus pauvres et les plus exclues, en France et à l'international, connaissent les problèmes générés par l'absence d'accès à des services financiers adéquats, et à un juste coût. Par exemple, la Croix-Rouge française, l'Union nationale des centres communaux d'action sociale (UNCCAS) et le Secours catholique ont signé le 7 décembre 2011 un *Manifeste pour l'inclusion bancaire en France des populations fragiles* qui visait à rendre visible le phénomène, à pointer les besoins en termes de politiques publiques, à déplorer le manque de moyens privés, et enfin à proposer des solutions concrètes.

Ces structures caritatives et ces ONG permettent non seulement de nous alerter sur cet aspect précis de la lutte contre l'exclusion, mais elles constituent également une partie de la solution au problème, à la fois par le discours qu'elles portent auprès des instances publiques mais aussi par l'accompagnement des personnes qu'elles mettent en place en support à des solutions purement financières.

L'expérience de ces associations permet également de porter un regard à la fois plus humain et plus lucide sur les moyens qui contribuent à la sortie de l'exclusion financière : elle ne peut se faire durablement par des aides, des allocations ou des subventions des pouvoirs publics, elle ne peut se limiter à l'assistance proposée par des travailleurs sociaux, et elle ne saurait enfin se contenter des progrès techniques de l'ingénierie financière. Dès lors, le progrès ne pourra venir que d'une action concertée et complémentaire :

- des pouvoirs publics, à même de réguler le secteur financier et de produire des moyens et des incitations ;
- des associations et travailleurs sociaux, capables d'accompagner les personnes, de compenser l'« illettrisme de l'argent » mentionné par le manifeste de la Croix-Rouge, du Secours catholique et de l'UNCCAS ;
- et des fournisseurs de services financiers, qui doivent adapter leur offre aux situations des plus fragiles.

La réunion de ces trois grands types d'acteur est également, et surtout, le seul moyen permettant aux personnes touchées par l'exclusion de prendre une part active à leur réinsertion financière.

Par conséquent, forts de ce constat et des premières pistes d'amélioration qui s'esquissent, il nous apparaît indispensable qu'un projet politique – qui ambitionne de remettre la personne humaine au cœur du débat en combinant émancipation et justice sociale – considère la lutte contre l'exclusion comme la première de ses priorités en matière financière.

Un tel projet social se décline en deux axes complémentaires : une approche française d'une part, qui doit faire face à des niveaux de pauvreté et d'exclusion assez extrêmes, et une politique de coopération et de développement d'autre part, pour soutenir les pays émergents dans leurs efforts de généralisation de l'accès aux services bancaires.

Mettre l'inventivité financière au service de la réinsertion sociale des Français les plus fragilisés

Les expériences menées en France révèlent que les mécanismes les plus efficaces sont ceux qui associent un produit financier adapté aux situations les plus fragiles et un accompagnement social spécifique. Le microcrédit accompagné constitue par exemple un moyen d'accéder à la fois à l'accompagnement d'un travailleur social et à un crédit permettant de financer un projet contribuant à améliorer la situation économique de l'emprunteur (et notamment son retour à l'emploi). Ce type de dispositif est ouvert à toute personne qui a un projet d'insertion économique et sociale mais rencontre des difficultés à accéder au crédit bancaire classique tout en disposant d'une capacité de remboursement suffisante : il s'agit de pallier les insuffisances du marché traditionnel, pas de prendre des risques inconsidérés.

Dans un tel dispositif, l'accompagnement proposé est crucial, ne serait-ce que pour s'assurer que le crédit est la bonne solution et que la gestion du budget ne peut pas être optimisée pour dégager des marges de manœuvre sans recourir à l'endettement. Le travailleur social participe à la constitution du dossier présenté à l'établissement financier et comprenant une étude budgétaire détaillée, de nature à assurer le sérieux de la démarche. L'accompagnement proposé est global : il peut également aider à résoudre des problèmes de logement ou de garde d'enfants.

Le crédit souscrit est d'un montant relativement faible (en général moins de 3 000 €), pour une durée courte (moins de trois ans), avec un taux d'intérêt modéré et des frais de dossier pris en charge par la banque. Un microcrédit personnel peut financer des formations, l'achat d'un moyen de locomotion indispensable au retour à l'emploi, des équipements de première nécessité, un déménagement ou encore le dépôt de la garantie demandée lors de la location d'un logement : toutes ces dépenses sont cruciales et peuvent mettre un coup d'arrêt au projet d'insertion de quiconque ne parvient pas à y faire face. Le microcrédit peut également être « professionnel » et financer le lancement d'une activité à son compte.

L'association pour le droit à l'initiative économique (Adie) est sans doute l'association française de microcrédit la plus célèbre : créée en 1989, elle s'inspire dès ses débuts des techniques de microcrédit développé au Bangladesh par Muhammad Yunus[11] au sein de la Grameen Bank. Essentiellement tournée vers la création d'entreprise, mais aussi vers des crédits favorisant le retour à l'emploi, cette association cumule les fonctions d'accompagnement social et d'acteur financier, puisqu'elle est elle-même habilitée à délivrer des prêts et se refinance auprès de banques. Elle est également investie dans l'accès à des produits de micro-assurance professionnelle, en partenariat avec des assureurs.

D'autres associations, spécialisées ou non, proposent des modèles de microcrédit accompagné qui leur sont propres : Initiative France offre des montants potentiellement plus élevés que l'Adie, cumulables avec d'autres crédits [Labrune, 2010] ; France Active sert d'intermédiaire entre l'emprunteur et la banque, à qui elle apporte une garantie à hauteur de 30 % du risque ; le

[11] Prix Nobel de la paix 2006.

Secours catholique propose des microcrédits personnels et professionnels, en accompagnant l'emprunteur mais aussi en participant, avec la banque, à la décision d'accorder le prêt, que l'association garantit pour la moitié des pertes…

Citons enfin les comptes Nickel sans banque, simples intermédiaires de transaction qui fonctionnent *via* des bornes d'approvisionnement chez des buralistes et proposent des cartes de paiement sans possibilité de découvert : ils fournissent un exemple récent des bienfaits de l'innovation mise au service de l'inclusion. Signe de l'intérêt des banques pour les comptes « sans banque », le groupe BNP Paribas a racheté en avril 2017 la Financière des paiements électroniques, qui distribue ces comptes Nickel…

Les quelques exemples rapidement décrits ci-dessus laissent déjà entrevoir que l'action des associations serait limitée sans l'aide des pouvoirs publics et l'intervention du secteur privé. L'État s'implique à la fois par l'action volontariste de certains ministères, par la définition et l'adaptation d'un cadre réglementaire et par la dotation de fonds spécifiques. Les collectivités locales contribuent, quant à elles, à subventionner et à aider de diverses façons les associations localement implémentées : certaines accordent directement des prêts complémentaires au microcrédit. Les établissements bancaires ou financiers, quant à eux, peuvent intervenir indirectement, par le financement des associations ou structures de microcrédit, ou directement, par la prise en charge des prêts. Cela suppose d'adapter le modèle habituel, car si, d'une part, les coûts d'analyse du dossier sont très réduits grâce à l'intervention de l'accompagnateur, d'autre part, c'est la capacité du prêt à générer des profits futurs qui doit être jaugée, contrairement aux crédits habituellement accordés aux particuliers qui se basent plutôt sur l'hypothèse de la prolongation future de leurs revenus actuels. Sans surprise, les banques mutualistes sont particulièrement engagées, mais les établissements spécialisés dans le crédit à la consommation développent également une activité de microcrédit (Cofinoga, Cetelem, Cofidis…).

Cette description révèle donc que la puissance publique a toute sa place dans le dispositif qui renforce l'inclusion bancaire en ouvrant à des personnes exclues du crédit classique l'accès à des financements de nature à renforcer leur insertion sociale et, à terme, à accroître leur autonomie.

Pour générer encore davantage « d'effet de levier social », ce type de financement pourrait prendre la forme de financements décorrélés du taux d'intérêt, comme le Financement 4P (Principe du Partage des Profits et des Pertes : développé plus bas parmi les produits de financement de projets, dans la partie du chapitre 4 consacrée à l'innovation financière).

À partir des années 1990, la réforme du marché bancaire a notamment consisté à « banaliser » les établissements coopératifs et mutualistes qui avaient été créés au cours du XIXe et au début du XXe siècle pour répondre aux besoins de financiarisation des classes les plus populaires. De même ont été créées durant cette période des entreprises publiques spécialisées dans ce type de clientèles (Caisses d'Épargne, compte sur livret distribué par La Poste). Il serait important d'évaluer de façon indépendante et rigoureuse les effets de cette banalisation, la puissance publique pouvant aujourd'hui être de nouveau légitime à intervenir pour créer un service universel bancaire, organisé éventuellement sous la forme de « services sociaux d'intérêt général » compatible avec le droit européen de la concurrence.

Dans ce cadre, un projet politique axé sur la justice sociale et l'émancipation doit avoir l'ambition de poursuivre et d'amplifier l'action publique en faveur du microcrédit, en en développant la portée :

- informer les populations sur l'existence de tels dispositifs, en s'appuyant sur les associations et les établissements financiers : trop de personnes manquent les opportunités offertes par le microcrédit parce qu'elles en ignorent l'existence ;
- promouvoir la microfinance, dans toute sa diversité, auprès des différents acteurs (banques, collectivités), en n'hésitant pas à s'appuyer sur les fonds de solidarité existants pour développer de nouveaux partenariats ;
- mesurer le phénomène en continuant d'intégrer la microfinance à la couverture statistique nationale afin de mieux connaître le potentiel et les limites des innovations de la finance solidaire ;
- orienter les subventions publiques vers les dispositifs les plus enclins à favoriser l'insertion sociale, en en mesurant scientifiquement les impacts, afin de prévenir le développement de microcrédits usuraires et d'éviter que les partenariats multiformes ne se transforment en une privatisation des profits tandis que la collectivité assume les pertes ;
- continuer à adapter la réglementation pour rendre possible le développement de produits financiers qui répondent à de nouveaux besoins tout en conservant une bonne maîtrise des risques ;
- encourager la diversification des types de produits financiers proposés à l'appui d'une réinsertion : microassurance, épargne solidaire et produits d'épargne à destination des plus fragiles, financement « 4P » ;

- en complément de la définition du contour des « offres bancaires de base », évaluer de façon rigoureuse l'effet de la banalisation des banques mutualistes et coopératives et de la privatisation des Caisses d'Épargne publiques pour identifier un éventuel besoin d'un service universel bancaire, sous la forme de « services sociaux d'intérêt général » compatibles avec le droit européen de la concurrence.

Le monde de la finance offre donc de fortes opportunités d'insertion des marginalisés, que l'Europe, l'État et les collectivités doivent continuer à promouvoir, avec le tissu associatif et les professionnels.

S'impliquer dans des programmes de développement internationaux

Les problématiques d'inclusion financière se posent à une autre échelle dans les pays émergents : l'aide au développement consiste dès lors à mettre en place des dispositifs plus globaux. Si l'exclusion financière peut être en partie compensée par un réseau informel plus vaste dans ces pays en voie développement, elle n'en demeure pas moins une trappe à pauvreté.

Là encore, le renforcement de l'accès aux outils financiers passe par la collaboration avec des ONG et le secteur privé. La Grameen Bank, créée en 1976 au Bangladesh, est l'acteur historique du microcrédit moderne, né des expérimentations menées par l'économiste Muhammad Yunus : lors d'une famine, il décide de proposer un prêt de 27 $ à des villageois voisins de son université, afin qu'ils puissent se lancer dans la confection de petits objets à vendre, sans devoir passer par des prêteurs sur gage aux taux prohibitifs et aux méthodes de recouvrement douteuses. L'activité de microcrédit s'est ancrée, à l'origine, à l'échelle d'un village et, devant le succès des premières expérimentations, s'est développée en étendant le réseau des branches, conservant des implantations très locales : Grameen Bank signifie d'ailleurs « banque des villages ».

Des groupes d'entraide de cinq personnes sont constitués et doivent se réunir à un rythme hebdomadaire : en cas de défaillance d'un emprunteur, il n'est plus possible aux membres du groupe de souscrire de nouveaux crédits, de sorte que la solidarité est fortement encouragée. De plus, les groupes devaient à l'origine gérer une épargne collective obligatoire accumulée semaine après semaine, ce qui constitue pour eux une première voie d'accès à l'épargne : cette dernière est individualisée depuis 2006. À première vue, l'approche collective peut surprendre, mais elle constitue l'un des éléments du succès du microcrédit. Elle n'est d'ailleurs pas neuve : il est possible d'en voir une préfiguration dans les « tontines », associations collectives d'épargne nées au XVIIe siècle et qui pouvaient avoir une vocation sociale. Le système collectif et d'épargne obligatoire permet à la Grameen Bank d'être détenue à 94 % par ses emprunteurs, les 6 % restant provenant du gouvernement du Bangladesh [Rutherford, 2006].

Si l'accès au crédit est centré sur les populations les plus pauvres qui peuvent être « membres » de la banque, sa clientèle est plus large pour ce qui concerne les comptes d'épargne et de transaction. Aujourd'hui, 97 % des emprunteurs sont des femmes : l'accès au crédit constitue pour elles un moyen d'émancipation personnel.

Modèle pour beaucoup, la Grameen Bank a également essuyé des critiques : après plusieurs années de développement progressif sous la forme d'extension du modèle, elle a connu dans les années 2000 une phase de diversification qui a pu perturber son équilibre. Des désaccords de fond entre le gouvernement du Bangladesh et Muhammad Yunus ont conduit ce dernier à être exclu de l'organisation en mars 2011. Si les querelles politiques ne décrédibilisent pas en elles-mêmes le modèle de la « banque des pauvres », la diversification pose de vraies questions sur la prédominance de la vocation sociale d'une institution en pleine transformation : la finalité première des produits financiers proposés doit être de répondre à un vrai besoin non couvert par les marchés plus classiques.

L'utilisation du microcrédit pour permettre aux femmes de s'émanciper mérite également d'être questionnée : si l'emprunteuse utilise effectivement son crédit pour développer une activité lui rapportant un revenu qu'elle peut librement utiliser, alors le dispositif est efficace. Si en revanche elle sert de prête-nom familial et ne dispose pas des fonds qui lui sont alloués, tout en conservant la charge du remboursement, alors le microcrédit est totalement contre-productif. La vigilance est donc de mise dans la constitution du dossier et l'accompagnement de l'emprunteur.

Par ailleurs, il est vrai que le crédit n'est qu'un des aspects de l'inclusion financière et, plus généralement, sociale : la nécessité d'y recourir peut en effet provenir d'un défaut d'épargne préalable. Dans ce sens, les projets qui associent la constitution d'une épargne au remboursement du crédit sont intéressants, le crédit étant un vecteur d'inclusion financière puis puissant que l'épargne. De même, s'il reste constant que la microentreprise ne résoudra pas tout, les efforts qui permettent à ceux qui le souhaitent de se lancer dans une activité rentable sont toujours à saluer.

Enfin, il existe une dernière critique qui touche au caractère « capitaliste » des solutions apportées par le microcrédit : ce dernier ne serait qu'un moyen d'élargir le champ d'action du capitalisme financier, de manière à exposer les populations les plus autarciques à la voracité d'un système bancaire mondialisé. Cette critique peut s'appuyer sur des dysfonctionnements manifestes, comme lorsque, par le mécanisme du crédit, la banque devient le propriétaire des moyens de productions et s'approprie le profit tout en faisant peser le risque sur les seules épaules du travailleur indépendant. Et, de fait, l'intérêt de plus en plus prononcé des entreprises financières classiques pour la microfinance peut s'accompagner d'un dévoiement de l'esprit d'origine [Cull, Demirgüç-Kunt et Morduch, 2009].

Si des garde-fous sont en permanence nécessaires, le refus de principe de toute solution financière n'est toutefois pas raisonnable, car les individus rechercheront toujours des moyens de financer leurs projets, de réaliser des transactions ou de stocker de la valeur. Dès lors, les seules alternatives à la financiarisation sont le maintien dans la misère ou le recours au secteur informel, deux options qui ne nous paraissent jamais préférables à l'accompagnement de la sortie de la grande pauvreté par l'accès à la sphère financière formelle.

L'exemple de la Grameen Bank illustre à la fois les bienfaits et les limites de l'utilisation du microcrédit dans les pays émergents pour contribuer à leur développement : il éclaire donc les choix possibles en matière de coopération. Ainsi, les solutions les plus efficaces sont celles qui s'appuient sur de petits acteurs locaux dont la vocation sociale est première, plus que sur des grands groupes à la recherche de parts de marché. Les acteurs financiers traditionnels peuvent intervenir, à la condition de s'appuyer sur des structures locales crédibles : c'est, par exemple, le positionnement du Crédit Agricole au travers de sa Fondation Grameen qui participe au financement d'institutions financières locales agissant en faveur de l'insertion économique des plus pauvres.

L'aide au développement peut également contribuer à favoriser les modèles bancaires alternatifs, utilisant notamment les nouvelles technologies. Dans de nombreux pays, les questions d'inclusion financière sont aussi, prosaïquement, liées à des problèmes d'accessibilité géographique. Dans les zones trop peu peuplées pour que l'installation d'une agence bancaire ou d'assurance soit rentable, l'inclusion financière peut se faire grâce à des agents bancaires itinérants mais aussi, et surtout, grâce à la finance connectée.

Le Kenya en a ainsi fait l'une de ses priorités politiques, jusqu'à ce que 68 % des Kenyans utilisent leur téléphone comme moyen de paiement, alors que les deux tiers d'entre eux n'ont pas de moyen de paiement par ailleurs [Demirgüç-Kunt et Klapper, 2013].

L'utilisation de la technologie financière et de modèles bancaires alternatifs peut constituer un axe très utile d'aide au développement, en permettant notamment une sécurisation importante des transactions des personnes les plus en marge. Toutefois, certaines facilités accordées par les nouvelles technologies, comme les prêts entre particuliers, peuvent, si elles sont mal encadrées, présenter les travers du secteur financier informel et ne constituer donc qu'un moyen biaisé de sortir de l'exclusion financière. Ainsi donc, là encore, si le développement d'outils financiers est un moyen incontournable pour promouvoir l'émancipation des personnes dans des sociétés marquées par de fortes inégalités, celui-ci suppose un travail de terrain et une grande finesse d'approche.

Chapitre 2

Pour un usage raisonné de la finance individuelle et une lutte de tous les acteurs contre le surendettement

La lutte contre le surendettement est logiquement le revers de la médaille du combat pour l'inclusion bancaire : l'accès des plus pauvres aux produits financiers ne doit pas se transformer en une dépendance asphyxiante vis-à-vis des banques. Les enjeux de l'inclusion financière, largement méconnus dans nos pays développés, ne sont pas de donner aux établissements de crédit l'accès à de nouvelles parts de marché (d'autant plus rentables qu'elles concernent des populations fragiles), mais bien au contraire de fournir à tous de justes outils d'émancipation, à un coût adapté.

Les situations de surendettement sont catastrophiques tant au niveau financier qu'au plan personnel : les arriérés de paiement obèrent le budget du ménage surendetté et le privent de tout moyen de s'en sortir. Le surendettement est généralement la conséquence d'accidents de la vie dont il multiplie les conséquences : il s'agit d'une spirale qui enferme les personnes, et dont il est vital de les aider à sortir.

Tenter de comprendre les raisons du surendettement

Le surendettement est accompagné de nombreux clichés, souvent alimentés par des articles de presse à grand renfort d'exemples qui *« induisent une sorte d'exemplarité du surendettement bien faite pour effrayer tous ceux qui pourraient un jour être tentés par des emprunts dépassant leur capacité de remboursement »* [Montlibert, 2006]. Cette tendance moralisatrice découle assez naturellement du fait que la responsabilité de l'emprunteur est toujours engagée par la souscription d'un crédit et que l'accès au financement ne doit pas induire un aléa moral incitant à une mauvaise gestion de son budget. Mais cette approche oublie souvent un peu vite que la responsabilité du prêteur est également engagée : c'est à lui qu'il revient d'établir si son client est solvable et, devant la perspective d'un taux d'intérêt élevé, le créancier peu scrupuleux pourrait se montrer peu regardant sur les garanties de l'emprunteur. Par ailleurs, le surendettement n'est pas forcément le résultat d'une gestion approximative du budget de l'emprunteur : il survient plus souvent suite à des accidents de la vie, contre lesquels une couverture « assurantielle » est plus efficace et plus juste que la pression au recouvrement.

Pour mieux appréhender la réalité du surendettement, il est donc important d'essayer de s'appuyer sur des faits. À l'issue d'une étude qualitative constituée de trente-deux entretiens avec des personnes surendettées[12] et confrontée

[12] Et que nous incitons le lecteur intéressé à parcourir pour apercevoir les réalités humaines qui se cachent derrière les chiffres…

à des statistiques plus larges, le sociologue Christian de Montlibert identifie trois grandes logiques de surendettement :

- Cumul de précarités professionnelles, personnelles et d'accidents de la vie qui conduisent à emprunter pour faire face aux dépenses courantes et rattraper le retard accumulé ;
- Employés ou ouvriers finançant des projets d'équipement par des crédits et rencontrant des difficultés de remboursement suite à une perte d'emploi, un accident ou une maladie, ou encore un bouleversement familial ;
- Cadres (ou équivalent) d'origine modeste qui, du fait de leur profession, n'ont pas de difficulté à emprunter et s'en servent pour asseoir leur situation sociale, mais se retrouvent dans l'incapacité de rembourser suite à un accident de la vie.

En outre, les résultats d'une enquête de la Banque de France sur les parcours menant au surendettement font émerger, sur une base quantitative, cinq profils de surendettement : « pertes ou dégradations d'emploi » (23 %), « budgets contraints » (17 %), « recours banalisés au crédit » (14 %), « entraide générationnelle (5 %) et « conjonction d'événements de vie conséquents » (41 %).

Ces deux typologies mettent en évidence que les personnes qui sont surendettées du seul fait d'une mauvaise gestion de leur budget ou d'un recours compulsif au crédit sont minoritaires, et qu'au contraire la plupart des ménages en difficulté ont connu une précarisation, brutale ou progressive, qui les a conduits à ne plus pouvoir faire face à leurs charges courantes ou à un endettement antérieur.

L'étude identifie toutefois des facteurs aggravants le risque de surendettement : l'absence d'épargne de précaution, un usage inadapté du crédit et des réactions insuffisantes, parfois accompagnées d'un repli sur soi [Banque de France, 2014].

Il est intéressant de noter que, d'après ces premiers éléments, le surendettement n'est pas principalement l'effet d'un excès d'inclusion bancaire : au contraire, le microcrédit limite les risques de surendettement, en raison de l'accompagnement auquel il est associé. Certains surendettés ne sont pas des personnes dont la capacité de remboursement aurait été mal calculée, mais des emprunteurs solvables au moment de la souscription du prêt et dont la situation devient précaire suite à un ou plusieurs accidents de la vie. Cependant, les enquêtes mettent également en lumière des ménages qui commencent à s'endetter pour faire face à des charges courantes ou encore d'autres qui, ne parvenant plus à rembourser leurs crédits en cours, en souscrivent de nouveaux et s'enfoncent dans une spirale de cavalerie bancaire : si le mauvais endettement est rarement la cause première du surendettement, il contribue à retarder la solution du problème et à aggraver entre-temps la situation.

Les personnes surendettées[13] présentent des caractéristiques sociodémographiques et professionnelles

[13] Les chiffres disponibles concernent les personnes qui ont fait une demande auprès d'une commission de surendettement et dont le dossier a été jugé recevable. Or, dans certains cas, les dossiers parviennent tard aux commissions de surendettement, les emprunteurs pouvant s'être lancés entre-temps dans des stratégies de cavalerie vouées à l'échec. La population surendettée au sens administratif est donc plus restreinte et en plus mauvaise situation que celle des personnes faisant face à une incapacité de remboursement de leurs créances. En tout état de cause, la notion de surendettement est difficile à

majoritaires qui sont souvent associées à des risques plus élevés de précarité sociale : personnes seules, locataires, sans emploi, employés et ouvriers, présentant de faibles ressources [Banque de France, 2016]. Ces ménages présentent un endettement essentiellement structuré autour de dettes financières (78 % de l'endettement global), même si les dettes de charges courantes sont présentes dans 82 % des dossiers (représentant 11 % de l'endettement global) et si les autres dettes sont présentes dans la moitié des dossiers (pour 11 % du total). Parmi les dettes financières, les crédits immobiliers ne figurent que dans 13 % des dossiers, mais ils présentent des montants bien plus élevés que les autres types de créances et totalisent donc 44 % de l'endettement total. Les prêts personnels sont présents dans 44 % des dossiers, les découverts dans 54 % et les crédits renouvelables dans 69 % des dossiers. De plus, un surendetté détient en moyenne 3,5 crédits renouvelables.

Ce dernier chiffre mérite qu'on s'y arrête. On appelle « renouvelable » un crédit dont le montant est réutilisable au fur et à mesure de son remboursement. Au moment de la signature, il est convenu que le client pourra emprunter à l'établissement financier n'importe quel montant (dans la limite d'un maximum figurant dans le contrat) lorsqu'il en aura besoin. C'est donc l'utilisation effective du crédit qui déclenche le mécanisme d'amortissement et de paiement des intérêts, en fonction de la somme qui a été réellement utilisée. L'objet de ce type de crédit est donc d'apporter une facilité de trésorerie immédiate et à tout moment, mais sa forme a pour effet pervers d'être tout à fait adaptée à des mécanismes de cavalerie bancaire : un montant remboursé devenant immédiatement disponible, il

---

objectiver si elle n'est pas confirmée par des critères de recevabilité administrative.

est possible de maintenir indéfiniment les sommes dues à leur maximum, et ce même si la solvabilité de l'emprunteur s'est considérablement dégradée depuis la souscription[14], en en payant au passage le prix fort *via* les intérêts.

Or, donc, les personnes surendettées détiennent en moyenne 3,5 crédits renouvelables : il serait d'ailleurs plus juste de dire que ce sont les crédits qui les détiennent... Cela signifie qu'elles cumulent, en moyenne, plus de trois moyens différents de faire face à un besoin ponctuel de trésorerie, ce qui n'a pas beaucoup de sens... Ce constat théorique doit toutefois être nuancé par le fait que le crédit renouvelable peut se cacher derrière des cartes de magasin, combinant carte de fidélité et carte de paiement permettant de régler au comptant, en trois ou quatre fois sans frais, ou à crédit. Le lien avec le lieu de vente peut donc constituer un facteur encourageant la multi-détention de crédit renouvelable. Mais il faut également déplorer une propension des établissements financiers à promouvoir des crédits renouvelables, à des coûts plus élevés, même dans des cas où un prêt personnel classique serait plus adapté : ce dernier point a déjà fait l'objet de l'attention du législateur, et nous y reviendrons.

Dès lors, le crédit renouvelable ne figure en général pas parmi les causes premières du surendettement, même s'il peut être souscrit *via* des cartes de magasin pour effectuer de manière compulsive des achats à crédit. Mais, en présence de surendettement provoqué par des dettes immobilières, à la consommation ou de charges courantes, il peut être utilisé pour faire face aux charges des dettes précédentes, tout en venant rajouter des intérêts

---

[14] D'autant plus qu'en pratique, à la base, l'étude de la solvabilité d'un emprunteur peut s'avérer plus sommaire dans le cas de la souscription d'un crédit renouvelable.

conséquents qui grèvent d'autant plus, *in fine*, la capacité de rembourser de l'emprunteur. Dans ce cas, le crédit renouvelable ne fait qu'aggraver la situation en reculant le moment de la prise de conscience de la situation de surendettement et de sa prise en charge, notamment *via* les commissions. Cette facilité de crédit contribue donc à ce que les dossiers parviennent trop tard et dans une situation trop complexe pour permettre de régler simplement le problème.

Le droit local d'Alsace-Moselle conserve la possibilité d'une faillite civile en cas d'insolvabilité notoire, en complément du redressement personnel applicable dans toute la France en cas de surendettement sévère. Les deux régimes ne se recouvrent qu'en partie, les conséquences d'anciennes faillites professionnelles n'étant pas toujours prises en compte dans les procédures de surendettement : il paraît donc opportun de travailler à élargir, sur l'ensemble du territoire, les conditions dans lesquelles une remise à plat de la situation financière d'un individu est possible.

Cet aperçu permet de rendre compte de la diversité des situations de surendettement des ménages, loin des simplifications d'une approche moralisatrice et stérile. Si des raisons extérieures de précarisation familiale, personnelle et économique, peuvent conduire tout un chacun à la faillite financière, il semblerait que les outils financiers comportent parfois en eux-mêmes les germes de leur déviance. En tout état de cause, que les origines du surendettement soient liées à un défaut d'éducation budgétaire, à des éléments extérieurs fragilisant la personne ou aux défauts des outils financiers eux-mêmes, les solutions doivent toutes intégrer la finance elle-même.

Mieux encadrer et réguler la distribution des crédits aux ménages

La lutte contre le surendettement constitue depuis longtemps l'un des objectifs de la réglementation sur les crédits en général, et à la consommation en particulier. Les crédits immobiliers sont vecteurs de fragilité en raison de l'importance des montants en jeu, mais, en France, le processus de constitution du dossier est solide et l'immense majorité des prêts immobiliers sont à taux fixes, de sorte que les incapacités à rembourser sont davantage dues à des accidents de parcours ou à des changements de situation qu'à une mauvaise estimation de la solvabilité au moment du prêt.

Les études citées précédemment confirment que l'accession à la propriété n'est pas la cause première d'un parcours conduisant au surendettement. Le remboursement d'un prêt immobilier peut toutefois contribuer à fragiliser une personne dont la situation financière se dégraderait brusquement : d'une part parce que la situation de propriétaire accédant offre moins de souplesse pour ajuster le coût du logement à ses ressources, et d'autre part parce que la capacité d'endettement est déjà grevée par le prêt immobilier et qu'il n'est donc pas possible de recourir à l'emprunt (à des taux raisonnables) pour faire face au besoin ponctuel de trésorerie. Pour pallier cet inconvénient, il serait donc utile que les pouvoirs publics et la profession bancaire réfléchissent ensemble à la possibilité d'imaginer un nouveau type de crédit, accessoire d'un crédit immobilier, et qui pourrait être utilisé en cas de difficulté passagère de l'emprunteur. Pour être efficace, un tel crédit doit déclencher, dès qu'il est utilisé, un accompagnement par l'établissement prêteur pour adapter les conditions du remboursement et engager une recherche de solution pérenne.

Le prêt à la consommation présente en revanche des effets pervers identifiés depuis longtemps et auxquels le législateur tente de faire face depuis plusieurs années, se heurtant régulièrement à un *lobbying* puissant. Un argument revient souvent dans la défense de ce type de crédit : favorisant la consommation, il encourage la croissance[15] en renforçant la demande. Or, des études empiriques tendent au contraire à prouver que le crédit à la consommation a un impact sur les importations davantage que sur la production domestique [Coffinet, Devost, Ghorbel-Karker et Jadeau, 2016]. Quel que soit son impact sur la croissance domestique, le crédit à la consommation, s'il est conforme à sa vocation première, peut rendre un service appréciable à l'emprunteur français qui, par exemple, n'aurait pas la possibilité d'acheter comptant sa voiture, fût-elle allemande : l'analyse des impacts économiques de ce type de produit ne doit pas conduire à adopter une posture moralisatrice et définitive, mais elle peut permettre de nuancer les arguments catastrophistes parfois avancés et, surtout, de recentrer le crédit sur les usages où il contribue au bien commun.

Récemment, la loi Lagarde du 1er juillet 2010 s'est employée à rééquilibrer le rapport entre les prêts personnels et les crédits renouvelables, partant du constat que ces derniers étaient de plus en plus proposés en lieu et place des premiers, et à un taux beaucoup plus élevé. En effet, les deux segments étaient jusqu'alors soumis à des régimes de l'« usure » différents, qui conduisaient à un maximum légal des taux d'intérêt beaucoup plus important pour les renouvelables que pour les personnels. La loi a regroupé tous les types de crédit à la consommation dans

---

[15] Quoi qu'on pense, d'ailleurs, de la pertinence de l'indicateur de la croissance du PIB dans le débat économique.

des catégories dépendant désormais du montant du crédit : le taux d'usure étant défini comme les 4/3 du taux effectif pratiqué lors du trimestre précédent, le regroupement avait pour but de rapprocher les deux types de taux et d'augmenter la rentabilité comparative des prêts personnels [Comité de suivi de la réforme de l'usure, 2014]. Or, si la loi Lagarde a été de ce point de vue un succès concernant les crédits d'un montant supérieur à 3 000 €, elle n'a pas permis de contenir l'évolution des taux d'intérêt des prêts de petits montants : ce segment est constitué d'une forte concentration de crédits renouvelables à taux très élevés [Coffinet et Jadeau, 2015].

Parce qu'il est calculé en fonction du taux effectif moyen du trimestre précédent, le taux d'usure est efficace lorsque les marchés ne sont pas trop concentrés : si le marché est suffisamment concurrentiel pour que la palette des taux proposés soit variée, alors cela a du sens de vérifier que le taux ne s'éloigne pas trop de la moyenne. Au contraire, un seuil maximal qui se base sur les propriétés concurrentielles d'un marché ne remplit pas sa fonction régulatrice si tous les taux effectifs constatés sont quasiment égaux. Par conséquent, il apparaît nécessaire de revoir la logique d'ensemble de la législation de l'usure : le cadre européen laisse une large marge de manœuvre aux États, qui présentent des méthodes très variées d'appréciation du caractère effectif d'un taux d'intérêt, de l'appréciation jurisprudentielle à une réglementation normative, basée ou non sur la référence aux taux effectifs constatés [Comité de suivi de la réforme de l'usure, 2013].

La loi du 17 mars 2014 sur la consommation, portée par Benoît Hamon[16], comporte de nombreux dispositifs visant à renforcer la protection du consommateur, y compris dans

[16] À l'époque ministre délégué à l'Économie sociale et solidaire et à la consommation.

l'usage des produits financiers. Les assurances habitation ou automobile deviennent résiliables à tout moment, et non plus uniquement à la date anniversaire du contrat. De même, les assurances emprunteur[17] peuvent être résiliées pendant la première année[18] : la loi Lagarde posait déjà le principe de la liberté du choix de l'assurance, afin d'éviter que l'emprunteur soit contraint de recourir à l'assurance proposée par le prêteur. En effet, il arrivait que l'établissement de crédit attire la clientèle avec un taux d'intérêt nominal plutôt compétitif et se rattrape avec une assurance emprunteur à un coût élevé. La loi Lagarde allait donc dans le bon sens, mais exposait le client désireux d'exercer son droit à recourir à une assurance extérieure au risque de voir ralentir considérablement le temps de traitement de son dossier de crédit : en permettant la résiliation après le début du prêt, la loi Hamon vient donc compléter efficacement le dispositif, suivie par la loi Sapin 2 qui étendra progressivement cette possibilité au-delà d'un an.

Ces évolutions législatives visent également à renforcer l'information de l'emprunteur. En matière de lutte contre les excès du crédit renouvelable, la loi Hamon suspend les contrats de crédit renouvelable non utilisés au bout d'un an : passé ce délai, l'accès au crédit suppose donc un nouveau contrat, ce qui permet d'actualiser le taux d'intérêt et de vérifier à nouveau la solvabilité de l'emprunteur (même si cette dernière est très succincte en matière de crédit renouvelable). De plus, un amendement introduit par le député Dominique Potier, membre

---

[17] Obligatoires notamment pour les crédits immobiliers, ces assurances apportent une protection contre le risque de défaillance dans le remboursement du crédit.

[18] À condition de justifier d'une assurance offrant des garanties comparables.

fondateur d'Esprit Civique, prévoit une obligation de proposer un prêt personnel en alternative à un crédit renouvelable pour financer tout achat d'un montant supérieur à 1 000 €.

Les chiffres du crédit à la consommation témoignent en outre d'une croissance récente de la location avec option d'achat, encore largement minoritaire : cette forme de crédit affectée à l'obtention d'un bien paraît sûre, dans la mesure où la restitution du bien reste possible en cours de contrat ou à son terme, en cas de difficulté du consommateur à faire face à ses échéances. Cet essor est à suivre de près : s'il offre en effet des perspectives intéressantes du point de vue du vendeur et du consommateur, il n'affranchit pas le prêteur de la responsabilité de s'assurer de la solvabilité future de l'emprunteur, car le retrait du bien peut avoir des conséquences sociales importantes (perte de l'automobile qui sert à se rendre au travail…).

Les évolutions qui visent à renforcer l'information de l'emprunteur vont globalement dans le bon sens, mais pour être efficaces elles supposent également que le public soit sensibilisé aux questions financières : à défaut, elles ne se traduisent que par la formalisation d'un document de plus que l'emprunteur signe sans le lire… Par conséquent, l'éducation du public est un complément indispensable à la réglementation.

Ces dernières années, on observe en outre un recours croissant au découvert par les ménages les plus fragiles (les plus endettés – et notamment par crédit renouvelable –, les revenus les plus modestes, sans emploi…), et pour des montants de plus en plus importants [Coffinet, Jadeau et Perillaud, 2016]. Ces évolutions sont à suivre de près : il paraît indispensable de travailler avec les établissements de crédits et les associations pour étudier de quelle manière le recours massif au découvert peut être utilisé comme indicateur de vulnérabilité, afin d'orienter les personnes vers un accompagnement dédié. Si, par nature, il paraît difficile de garantir qu'aucun compte courant ne soit jamais débiteur et que le découvert autorisé permet d'en limiter les frais, il reste toujours nécessaire d'en contenir les effets, dans un contexte où il est primordial de prendre en charge les situations de surendettement de la manière la plus précoce possible.

Il existe enfin une question récurrente concernant les outils de lutte contre le surendettement : faudrait-il mettre en place un fichier positif[19] regroupant toutes les informations individuelles sur les crédits en cours de remboursement par les particuliers, auquel les banques pourraient se référer pour vérifier si l'endettement est raisonnable ? Si un tel dispositif est inefficace face aux accidents de la vie, il vise à améliorer l'estimation par le prêteur de la situation initiale de l'emprunteur. Ce sujet est complexe et il est difficile d'y répondre simplement. La loi Hamon avait tenté de mettre en place un tel fichier, mais le dispositif avait été censuré par le Conseil constitutionnel, puis une étude du Comité consultatif du secteur financier (CCSF) avait estimé que cette décision rendait presque impossible d'envisager un fichier positif, en tout cas tant que la lutte contre le surendettement ne constituerait pas un objectif de valeur constitutionnelle. Au-delà de ces difficultés, il est intéressant de constater que les établissements de crédit les plus gros sont en général défavorables à ce type de mesures, contrairement aux plus petits, ce qui peut s'expliquer par le fait que les premiers disposent, en raison de leur taille, d'une rente d'information qu'ils perdraient si tous avaient accès à l'ensemble des encours de crédit du secteur. Du côté de la

---

[19] Par opposition au fichier « négatif » qui ne recense que ceux qui ont rencontré des incidents de paiement.

profession bancaire, les avis favorables pourraient donc s'expliquer par l'opportunité de conquérir de nouveaux marchés. Or, en effet, la création d'un fichier positif a eu, par exemple, un impact paradoxal en Belgique, conduisant les prêteurs à se montrer excessivement confiants dans la situation des emprunteurs, avec pour effet général une hausse du surendettement… Autrement dit, les fichiers positifs peuvent aussi faciliter l'écrémage des bons risques par les plus grands établissements, et générer de la sélection adverse [Dorbec, 2006]. La mise en place d'un recensement systématique de tous les crédits des particuliers nécessiterait donc à la fois de conférer au sujet une importance constitutionnelle mais aussi de mettre en place les garde-fous pour éviter un surcroît d'agressivité des offres de crédit.

Rendre plus compréhensibles les mécanismes financiers et mieux accompagner les personnes, en s'appuyant sur tous les acteurs

Si le législateur doit poursuivre les efforts d'adaptation du cadre réglementaire à la nécessité de la lutte contre le surendettement, la régulation ne suffira ni à prévenir ni, encore moins, à résoudre les cas d'endettement excessif. Il est donc nécessaire à la fois de poursuivre la sensibilisation des personnes et de s'appuyer sur des structures réunissant différents acteurs permettant la sortie du surendettement.

La résolution des situations difficiles nécessite l'intervention de tous : les prêteurs doivent consentir à adapter la dette pour permettre à l'emprunteur de faire à nouveau face à ses échéances, et ce dernier doit repenser son budget pour s'assurer que les mêmes causes ne reproduiront pas les mêmes effets. Il peut être aidé en cela par une association : les associations Crésus[20] viennent par exemple en aide aux personnes qui souhaitent retrouver une situation financière équilibrée, en les aidant à la fois à construire un budget durable et à trouver des solutions auprès des créanciers. De nombreuses associations œuvrent également à l'accompagnement budgétaire des ménages. En outre, les associations de consommateurs fournissent à la fois un appui individuel et une veille globale sur les pratiques commerciales, qui permet d'en améliorer la régulation si nécessaire.

La coopération entre les différents types d'acteurs a été formalisée par l'expérimentation des Points Conseil Budget (PCB), portée conjointement par l'État, les associations, les créanciers, la Banque de France, les banques et établissements de crédit, sous le pilotage d'un comité présidé par François Soulage, ancien président du Secours catholique. Deux types de PCB sont testés : des lieux ouverts à tous et des réseaux d'expertise sans accueil physique. Ils procurent des conseils en gestion budgétaire, pour permettre d'améliorer la maîtrise des dépenses et des ressources, de réagir à des difficultés financières, d'anticiper des changements de situation ayant des conséquences financières, de prévenir le surendettement et d'accompagner les procédures de surendettement qui n'ont pas été évitées. Selon les cas, l'accueil peut être assuré par des bénévoles ou des professionnels.

Les PCB devraient donc renforcer l'efficacité des commissions de surendettement (règlements amiables permettant d'éviter la procédure judiciaire) mais aussi, et surtout, de gérer les situations de manière précoce, avant qu'elles ne dérapent en incapacité à faire face aux remboursements.

[20] Chambres régionales du surendettement social.

L'enjeu est désormais de suivre les résultats de cette expérimentation et, si elle fait ses preuves, de la généraliser, de l'améliorer et d'étendre le champ des partenariats mis en place. Il faudra également renforcer les incitations à franchir la porte de ces PCB dès la première difficulté : les établissements financiers sont sans doute les mieux placés pour cela, puisqu'ils ont la possibilité de détecter les problèmes de manière précoce. Les incidents génèrent des frais, qui constituent une marge de manœuvre pour inciter les clients à se faire aider pour surmonter leurs difficultés.

La digitalisation a également toute sa place dans ce domaine, pour offrir aux ménages des outils de gestion de leur budget adaptés à leur situation : Crésus a ainsi développé son propre logiciel, librement accessible.

En complément des dispositifs d'accompagnement ciblés à ceux qui en font la demande, l'éducation financière de l'ensemble de la population doit devenir un objectif de service public important, afin de permettre notamment le développement d'une épargne responsable qui diminue le risque de rencontrer un certain nombre de difficultés.

Chapitre 3

Pour le renforcement d'une solidarité nationale efficace et juste

Les acteurs financiers sont donc susceptibles de fournir des outils d'émancipation des personnes en leur donnant accès à des services de transaction qui sécurisent les versements et les paiements, à des financements adaptés aux besoins de l'emprunteur, à une épargne sûre et à des assurances ajustées aux besoins de gestion des risques des particuliers. Mais les expériences passées prouvent aussi qu'un marché financier non régulé ne fournit pas spontanément des produits appropriés à toutes les populations, notamment les plus modestes, qu'il peut parfois vendre des produits inadaptés qui fragilisent les personnes, et qu'il ne permet pas de faire face à certaines situations qui se dégradent suite à des accidents de la vie. Par conséquent, la finance ne peut être réellement un vecteur de justice sociale que si elle est associée à des acteurs non financiers, et les pouvoirs publics et politiques doivent y prendre toute leur place afin que l'ensemble des partenaires œuvrent de concert au service du bien commun.

Toutefois, pour définir un rapport politique à la finance juste et cohérent, il ne suffit pas d'exprimer la volonté de déléguer aux acteurs privés l'ensemble des fonctions financières, même dans un cadre très régulé et marqué par un accompagnement fort et par le pilotage de projets communs : il existe des cas où la solidarité nationale est le niveau de mutualisation des risques le plus adapté et le plus juste.

Ainsi, l'assurance privée met en commun des risques dont la charge est assumée en contrepartie des primes ou cotisations versées par les assurés. Ces derniers sont couverts en fonction du coût anticipé des sinistres et du risque qu'ils surviennent. Or, par exemple, les progrès de la recherche médicale en génie génétique ou en exploitation statistique laissent entrevoir des écarts très importants du risque de maladie en fonction de prédispositions génétiques et de facteurs environnementaux : plus on est capable de faire des prévisions précises et plus le champ de l'assurance se restreint. Il ne faudrait pas que l'individualisation du risque en assurance maladie conduise chaque assuré à cotiser exactement au niveau de ses dépenses médicales (auxquelles s'ajoutent des frais de gestion), ce qui ferait perdre tout son sens à l'assurance. Ainsi, comme il ne paraît pas particulièrement pertinent de faire payer quelqu'un en fonction de son patrimoine génétique, le recours à une mutualisation plus générale est plus juste et plus efficace. De la même manière, la solidarité interprofessionnelle constitue l'un des piliers de l'assurance-chômage en France. En février 2014, Laurence Parisot publiait dans *Les Échos* une tribune de défense du régime des intermittents du spectacle. L'ancienne présidente du Medef, à ce titre « sensible aux arguments d'équilibre financier », notait non sans malice que le déficit des CDD était compris entre 4 et 6 milliards d'euros par an (contre 1 seul pour les intermittents du spectacle), sans qu'aucune voix ne s'élève à ce titre contre ce type de contrat… Au-delà de cet exemple extrême, qui s'inscrit dans le cadre particulier de l'exception culturelle, la gestion de l'assurance chômage au niveau national permet de lisser les impacts de l'alternance de périodes fastes et des phases de restructuration pour des branches d'activités marquées par une innovation constante et un environnement en perpétuelle évolution : le passage à une assurance individualisée ne ferait que fragiliser les secteurs en difficulté tout en favorisant les branches plus porteuses…

Au-delà de l'efficience économique, il appartient aussi au politique de réaffirmer la vertu morale de systèmes de protection collectivement assumés et qui rendent possibles des projets porteurs de lien entre les personnes. Il est intéressant de noter que de nombreux éléments de solidarité nationale qui subsistent aujourd'hui sont hérités du programme du Conseil national de la Résistance, qui ne concevait pas son programme social comme la distribution charitable de subsides à des minorités atomisées, mais bien plutôt comme des éléments créateurs de liens, de cohésion et de stabilité. Dans un monde de plus en plus marqué par les questions de sécurité dans le débat public, il nous paraît urgent de redonner ses lettres de noblesse à la belle notion de sécurité sociale, qui, prise au sens large, constitue un vrai terreau pour l'inventivité, la création, le lancement de projets porteurs, l'émancipation des personnes et la justice sociale : ce sujet déborde du cadre de cet ouvrage, mais il nous fallait rappeler que notre enthousiasme légitime face aux opportunités et à l'inventivité du secteur financier privé ne conduit pas à lui abandonner tout le champ de la gestion des risques.

Ainsi, par exemple, le développement de fonds de pension, encouragé notamment par la loi Sapin 2, doit être accueilli avec circonspection. Les difficultés actuelles des régimes de retraite américains par capitalisation, héritées de la crise financière de 2007, incitent à mener une réflexion sur la pérennité de ce type de financement des retraites. S'il s'avérait opportun de développer de tels produits parce qu'ils facilitent l'appropriation nationale du capital des entreprises françaises, ils ne pourraient, en tout état de cause, que constituer un régime complémentaire accessoire, pour un public qui peut se permettre de perdre une partie de son épargne et de ses rentes. Une autre voie consisterait à adosser ces fonds au financement de projets d'infrastructures publiques, avec une rémunération indexée sur la rentabilité de ces projets associant opérateurs publics et privés. Cela aurait le double avantage de sécuriser le financement des opérateurs et d'adosser les fonds de retraite à un risque de nature quasi fiscale.

De même, la généralisation des complémentaires santé d'entreprise, rendues obligatoires en 2016 sous la présidence de François Hollande, doit inciter à la plus grande prudence. Il faudra scruter de près l'évolution de la part relative de la sécurité sociale et des mutuelles complémentaires : en effet, ces dernières offrent des niveaux de protection extrêmement variés, avec un coût qui pâtit d'une moindre mutualisation des risques.

Les partenariats d'acteurs multiples sont une vraie chance, mais leur pertinence doit être évaluée en permanence, afin que chacun y trouve sa juste place : il ne s'agit pas de faire porter les pertes à la collectivité tout en privatisant les gains, et encore moins de faire travailler des bénévoles d'association pour dégager un profit récupéré par les partenaires financiers, ni de substituer de la charité privée aux services publics… Pour éviter ce genre de travers, il est donc nécessaire que la place et le rôle de chacun soient posés dès le départ et régulièrement évalués par des observateurs indépendants, avec des méthodes scientifiques éprouvées. Dans le travail auprès des plus pauvres, l'inclusion bancaire et la lutte contre le surendettement constituent des problématiques financières auxquelles s'adjoignent des questions sociales : c'est pour cette raison qu'elles intègrent non seulement des partenaires financiers mais aussi des travailleurs sociaux capables d'inclure la financiarisation dans un cadre plus vaste de socialisation (sans laquelle la première est vouée à l'échec).

LA FINANCE AU SERVICE DU BIEN COMMUN

Pour une finance enracinée

Si l'accès de chaque personne à des services financiers individuels susceptibles de contribuer à son inclusion sociale et à son développement personnel paraît le socle d'une réflexion personnaliste sur la finance, la construction d'une société plus juste nécessite également de disposer de moyens de financement à une échelle beaucoup plus large, de la petite association à l'État tout entier.

La finance est souvent critiquée pour sa dimension potentiellement « hors-sol », lorsque la spéculation l'emporte sur la maîtrise des risques, ce qui vient se manifester à l'occasion de crises qui ne sont que le symptôme d'une déconnexion avec la réalité. La différence entre financement et spéculation n'est pas simple, car elle ne tient pas tant à la nature des produits qu'à leur usage. Considérons par exemple le cas de crédits immobiliers en euro indexés sur le franc suisse : vendus à un frontalier qui achète une maison en France mais travaille en Suisse, un tel produit peut être socialement utile (s'il est de nature à couvrir l'emprunteur contre le risque de change). On peut en revanche questionner la légitimité d'offrir un tel service à un emprunteur breton sans lien personnel ou économique avec la Confédération helvétique…

De même, si les outils de couverture contre le défaut de crédit (CDS) ont été critiqués depuis 2007, c'est parce qu'ils étaient devenus des « titres » échangés dans l'optique de réaliser des plus-values sans rapport avec le risque qu'ils étaient censés couvrir. Or, dans le même temps, leur « cours » était utilisé comme un indicateur de risque, dans un emballement anthropomorphique auquel les commentateurs nous ont habitués lorsqu'ils nous répètent à longueur de journée que les marchés « pensent » ou « réagissent ».

La lutte contre cette perte de repères et contre ce décrochage avec la finalité de progrès social peut prendre de nombreuses formes, de la préférence pour le moyen ou le long terme aux tentatives de séparation des activités de financement et des activités spéculatives, et nous y reviendrons plus longuement dans notre partie consacrée à la régulation des organismes financiers. Mais il nous semble que la première des réponses à la finance hors-sol consiste à l'incarner dans l'économie réelle et à mettre en avant la finalité première, qui revient à permettre de financer des projets tangibles et utiles au développement social.

Chapitre 4

Offrir aux entreprises, ONG et associations des solutions de financement de leurs investissements

Sortir des idées reçues sur le financement des entreprises pour encourager des projets qui s'inscrivent dans une vision politique d'ensemble

L'apport des banques et des établissements de crédit au financement de l'investissement des entreprises est connu et abondamment commenté. Cet apport est essentiel mais parfois surévalué, surtout lorsqu'il s'agit d'assouplir les réglementations mises en place pour assurer la stabilité financière et limiter le risque de crise.

Ainsi, début 2017, le président Trump entreprend de remettre en cause la loi Dodd-Frank votée suite à la crise de 2008, et reproche à la Réserve fédérale d'intervenir dans les négociations internationales sur la régulation financière, alors que, selon lui, l'assouplissement des règles prudentielles (c'est-à-dire de prudence) est de nature à libérer le crédit. Emmanuel Macron pose un raisonnement équivalent lorsqu'il plaide pour que les ratios de solvabilité soient discutés à un niveau politique

(Ecofin) et non par les *« instances prudentielles [qui] veulent de la prudence, donc [...] n'ont qu'un objectif de réduction du risque et [...] ont désincité les banques et les assurances à financer l'économie*[21] ».

Or, ce raisonnement s'appuie sur le postulat – qui n'est pas vérifié – selon lequel un déficit global d'investissement des entreprises s'expliquerait par un resserrement de l'offre de crédit, imputable à un excès de prudence des banques. Les études économiques menées sur le sujet sont nombreuses : elles prouvent au contraire que la contraction de la production du crédit aux entreprises depuis 2008 s'explique par une baisse de la demande de crédit de la part des entreprises et non par une restriction de l'offre. Une enquête menée dans 24 pays de l'Union européenne permet de constater que moins de 20 % des salariés français appartiennent à des entreprises qui ont vu leur activité affectée par des contraintes de crédit entre 2010 et 2013, alors qu'ils sont plus de 40 % à avoir été touchés par une baisse durable de la demande [Jadeau, Jousselin, Roux et Verdugo, 2015]. Dans d'autres pays comme l'Espagne et l'Italie, en revanche, les entreprises ont été soumises plus massivement à des difficultés d'accès au crédit. Ces résultats globaux ne signifient pas qu'il n'existe pas, en France, des entreprises ayant du mal à se financer, mais plusieurs études qui se concentrent sur les PME aboutissent à la conclusion que ces dernières n'ont pas souffert d'une restriction de l'accès au crédit depuis 2008 [Kremp et Sevestre, 2013] : les règles de prudence n'ont pas conduit les banques à restreindre leurs financements, et la baisse des crédits aux entreprises est globalement imputable à une diminution de la demande. Cet exemple est une illustration parmi d'autres de la caducité d'une opposition stérile entre

[21] Intervention devant la CGPME le 6 mars 2017.

« politique de l'offre » et « politique de la demande », et des erreurs d'appréciation qui peuvent découler de l'application, sans recul, d'un catéchisme économique.

S'il est un peu hâtif de parler d'une difficulté globale de financement des entreprises et d'y voir un effet de la réglementation, il n'en demeure pas moins que certaines PME connaissent des difficultés spécifiques, qui ne sont pas nouvelles. Depuis 2008, la restriction des carnets de commandes des entreprises et l'allongement des délais de paiement ont renforcé la fragilité financière des entreprises [Fougère, Golfier, Horny et Kremp, 2013], avec une forte dépendance de petites entreprises de fournisseurs envers leurs clients, de taille plus importante. Face à ce constat, l'action politique doit se déployer autour de deux axes : le financement de projets non pris en charge par les banques classiques, et l'intervention dans la réduction des délais de paiement.

La première manière de pallier les insuffisances du secteur privé dans le financement de certains projets – pourtant porteurs – consiste à reprendre le modèle de la banque publique d'investissement, matérialisé aujourd'hui en France par Bpifrance, qui tire ses ressources des marchés financiers et s'en sert pour proposer des financements aux entreprises. Cette organisation permet non seulement de mutualiser les risques, de manière à permettre le développement de projets qui ne seraient pas forcément pris en considération par le circuit purement privé, mais aussi de relayer les orientations politiques de l'État concernant l'innovation ou encore les stratégies de revitalisation des territoires. À l'international, l'Agence française de développement, institution financière publique, propose des financements et constitue le bras armé de la politique de coopération du gouvernement.

Cet interventionnisme conventionnel et construit sur des partenariats avec le secteur privé n'est pas le seul levier d'action de l'État dans le financement des entreprises. L'économiste Gaël Giraud l'a exprimé en ces termes devant la commission des Finances de l'Assemblée nationale le 15 mars 2016 : *« Il y a deux options pour financer l'investissement : puiser dans des liquidités déjà existantes comme l'épargne – qui s'avère surabondante dans les pays anciennement industrialisés – ou créer de la monnaie. Ces deux actions diffèrent, puisque l'on n'augmente pas la quantité de monnaie en circulation dans le premier cas, contrairement au second.*

« Les banques commerciales créent de la monnaie tous les jours, ce droit leur étant délégué par l'État qui leur accorde une licence bancaire. La grande quantité d'épargne disponible pourrait nous inciter à puiser dans ces fonds plutôt que d'accroître la quantité de monnaie en circulation. J'approuve cette orientation, mais il n'est pas si simple de mobiliser l'épargne [...]. Tant que les marchés financiers soutiendront la promesse illusoire d'investissements rapportant 5, 10 ou 15 % par an, il s'avérera difficile d'orienter l'épargne vers des investissements dans l'économie réelle qui ne rapportent pas à court terme.

« Le mandat de la BCE ne l'autorise pas à intervenir dans ces domaines, mais nous avons abordé une terra incognita *depuis la crise financière, et M. Mario Draghi n'hésite plus à mener une politique non conventionnelle, ce qui nous autorise à réfléchir à des actions de la BCE que n'autorisent pas aujourd'hui les traités. »* Le financement de la transition énergétique sera abordé plus loin sous un jour global, illustrant la nécessité par laquelle Gaël Giraud conclut – et qui dépasse la question du soutien aux entreprises : *« Il convient de reconstruire un mode de financement de la puissance publique en Europe qui ne passe pas par les marchés financiers. »* C'est dans ce contexte de pensée que peuvent émerger les réflexions

sur la possibilité d'un *« Quantitative Easing for the people »*, qui suppose de repenser le rapport des élus et des citoyens à la politique monétaire.

Les porteurs de projet peuvent également profiter de formes de financement hybrides, par exemple en associant la subvention du financement d'infrastructures initiales avec la mise en place d'un modèle économique capable de se suffire à lui-même dans la durée. C'est le cas notamment dans le secteur de l'eau et de l'assainissement : citons l'exemple de l'ONG française Eau et Vie, qui intervient en partenariat avec SUEZ dans des bidonvilles des Philippines, du Bangladesh ou encore de Côte d'Ivoire pour y installer des réseaux fournissant de l'eau à chaque habitation. Le modèle de financement hybride repose sur le fait que les dons et subventions permettent la mise en place des infrastructures, tandis que les coûts opérationnels courants sont couverts par la facturation du service auprès des habitants. Sur un mode opérationnel, l'organisation s'attache à développer une gestion concrète par les communautés locales, afin de proposer un service aussi professionnel que décentralisé. En quelque sorte, Eau et Vie illustre la mise en pratique de l'Économie de la réciprocité, l'implication des habitants encourageant les autorités à réinvestir, avec un profit collectif supérieur.

Les contrats à impact social (CIS), inspirés des *social impact bonds* britanniques et mis en place sous le quinquennat de François Hollande, fournissent un autre exemple intéressant d'utilisation de l'initiative privée pour répondre à des besoins d'intérêt général. Le principe de ces contrats est d'encourager l'innovation en conditionnant le déclenchement d'une subvention d'État à la réussite de critères définis par avance. Cette subvention intervient sous la forme d'un remboursement d'une partie des fonds avancés par des investisseurs privés, et sur le principe des coûts évités : les mesures sociales développées par l'initiative privée agissent en prévention de risques (illettrisme, santé, criminalité, pauvreté, exclusion…) qui représentent un coût pour la société. En finançant des initiatives qui ont fait la preuve de leur efficacité contre ces risques, l'État reste donc théoriquement bénéficiaire (ou neutre) sur le plan financier, sur le long terme. Les entreprises parties prenantes conservent donc leur intérêt mais sont incitées à mesurer les impacts sociaux de leurs initiatives et à être récompensées pour les bénéfices de leurs actions et les économies qu'elles représentent pour la puissance publique.

Les parties prenantes sont multiples : entreprises, investisseurs, intermédiaires financiers, acteurs publics, organismes caritatifs et sociaux, bénéficiaires… Par ce biais, c'est donc un secteur privé au sens large qui est fortement encouragé à s'investir avec le secteur public en faveur de l'intérêt général, et l'État reconnaît mieux l'efficacité – y compris financière – de sa contribution. En s'engageant à financer les initiatives qui réussissent, et donc aussi à leur permettre de changer d'échelle, la puissance publique encourage spécifiquement l'expérimentation sociale et la recherche tous azimuts de solutions. Notons au passage que l'un des tout premiers contrats à impact social signés par le gouvernement a consisté à permettre à l'Adie, citée plus haut, de s'implanter en territoire rural pour y mettre en œuvre ses programmes de microcrédit accompagné.

Enfin, il apparaît nécessaire que la puissance publique continue à intervenir dans la résolution des problèmes engendrés par les délais de paiement : le législateur se penche sur la question depuis plusieurs années, et notamment la loi de modernisation de l'économie du 4 août 2008. Cette dernière a posé le principe de délai plafond, qui stipule par défaut que la durée pendant laquelle l'acheteur peut payer son fournisseur est limitée, avec des sanctions possibles en cas de non-respect. Ces dispositions contraignantes ne suffisent toutefois pas à résoudre tous les problèmes, notamment en raison de dissymétries des rapports de force entre clients et fournisseurs, qui limitent l'exercice de recours de la part de ces derniers.

En outre, le client peut déplacer le problème, par exemple en contraignant ses fournisseurs à livrer leurs marchandises dans des entrepôts spécifiques, pour une durée plus ou moins longue et pas toujours déterminée à l'avance, sans transfert immédiat de propriété donc sans possibilité, pour le fournisseur, de réclamer un paiement. Cette pratique des stocks déportés pose alors des difficultés multiples au fournisseur. De plus, une harmonisation internationale des pratiques s'avère également nécessaire afin de protéger les entreprises exportatrices.

Le mécanisme de médiation des entreprises, mis en place en France en janvier 2016, peut contribuer à remédier aux insuffisances des normes contraignantes, faciles à contourner en cas de dissymétrie du rapport de force : il propose en effet des solutions amiables en orientant client et fournisseur vers une relation durable et équilibrée. Ce mécanisme encore trop peu connu doit être davantage développé : pour gagner en attractivité, il pourrait être accompagné de facilités de crédit de trésorerie associées à la garantie offerte par les factures, sur le modèle du crédit d'affacturage, afin que le fournisseur dispose à la fois d'une solution immédiate à ses difficultés de trésorerie et s'engage dans un processus de résolution plus pérenne par une normalisation de sa relation avec son client. Le principe du versement d'arrhes pourrait également être intégré à la législation.

Enfin, sur un plan plus juridique, ce déséquilibre entre clients et fournisseurs demande une forte mobilisation du droit de la concurrence pour faire cesser les abus de dépendance économique que traduit souvent cet allongement des délais de paiement, en particulier de la part des centrales d'achats et de la grande distribution.

Associer financement et aide à la création d'entreprise

L'accès d'un créateur d'entreprise à ses premiers fonds constitue un sujet un peu à part, pour lequel se pose avec encore plus d'acuité la question de la complémentarité entre le financement et l'accompagnement spécifique qui le complète. De la même manière que pour les projets d'inclusion bancaire des particuliers qui, on l'a vu, sont plus efficaces lorsque le volet financier est associé à une action sociale, l'aide à la création d'entreprise constitue une activité continue, qui va de l'assistance administrative et stratégique à la mise à disposition de fonds permettant d'amorcer une activité.

Les modalités de mise en œuvre de ce type d'accompagnement sont très variées : aide apportée par des *« business angels »*, à titre individuel ou au sein d'un réseau, structure beaucoup plus intégrée de type « incubateur », « Métropoles French Tech », ou encore mesures prises par les chambres de commerce, d'artisanat ou d'agriculture. On retrouve également des structures comme l'Adie, déjà mentionnée au titre du financement des personnes, ce qui n'est guère surprenant dans la mesure où la création d'entreprise constitue un vecteur d'inclusion sociale, et où la finance professionnelle peut être liée aux ressources personnelles du créateur d'entreprise.

L'accès au financement est alors facilité par les fonds mobilisés dans le cadre des dispositifs mais aussi parce que l'accompagnement rassure les financeurs extérieurs et les rend plus enclins à accorder un crédit au créateur d'entreprise : France Angels, fédération nationale de *business angels*, estime par exemple qu'en 2015, 41,2 millions d'euros ont été investis directement par ses adhérents pour des projets également financés par des co-investisseurs à la hauteur de 124 millions d'euros, soit un effet de levier qui multiplie par trois les montants en jeu.

La liste incomplète dressée plus haut prouve que les dispositifs d'accompagnement à la création d'entreprise ne manquent pas en France, en lien direct ou indirect avec le financement des investissements. Il faut toutefois souligner que de nombreuses structures constituent en réalité la formalisation de réseaux préexistants. Ainsi, un ancien élève d'une grande école d'envergure nationale n'aura que peu de difficulté à construire un projet dans le cadre d'un incubateur ou d'un réseau de *business angels*.

De même, de nombreuses aides sont apportées à des projets particulièrement innovants ou techniques mais qui s'appuient sur une multitude de petites entreprises atomisées et qui, elles, ont beaucoup plus de difficultés à trouver un accompagnement adéquat. Le phénomène que nous tentons de décrire ici se retrouve dans le terme un peu fourre-tout d'« ubérisation » : une entreprise innovante concentre autour d'un faible nombre de salariés et d'actionnaires un revenu considérable, obtenu grâce à une foule de sous-traitants dont la rentabilité est nettement plus faible. Or, il se trouvera de nombreux incubateurs ou pôles technologiques pour tenter de faire émerger l'équivalent du Uber de demain, et beaucoup moins pour soutenir les microentreprises des chauffeurs de VTC. Ces réflexions sur les modèles à défendre pour le développement de l'économie réelle dépassent le cadre de cet ouvrage, et, bien entendu, nous ne pensons pas que l'organisation d'Uber soit, en soi, une source d'inspiration de nature à apporter davantage de justice sociale. Mais l'exemple permet d'illustrer le besoin de penser l'accompagnement à la création d'entreprise dans un cadre global, et de souligner qu'il n'est pas possible de se concentrer uniquement sur les projets laissant entrevoir les espoirs de rentabilité les plus fous pour que l'économie fonctionne dans son ensemble.

Il nous semble donc que, dans ce contexte, le travail du responsable politique suppose de faire un état des lieux précis et exhaustif des offres existantes et d'identifier, avec les différents acteurs, les angles morts de ces vastes dispositifs, afin de mettre en œuvre des projets visant à les combler en associant le secteur financier, les organismes d'aide à la création d'entreprise, les collectivités et l'État *via* ses structures et participations dédiées (Bpifrance, CDC, AFD…).

Favoriser une innovation financière vertueuse

À partir du début des années 1990, avec la dérégulation des marchés financiers et du crédit bancaire, l'innovation financière s'est principalement concentrée sur des solutions informatiques accélérant les transactions, ou sur des produits qui ont pour objet de transférer – voire de masquer – le risque, avec dans les deux cas des effets pervers massifs que la crise financière a clairement mis en évidence.

Désormais sous le feu des projecteurs, le *bitcoin* est intéressant à cet égard : basé sur la technologie révolutionnaire – mais très énergivore – de la chaîne de blocks (*blockchain*), qui consiste à décentraliser informatiquement le stockage et la transmission d'informations, cet objet virtuel constitue un moyen de paiement en ligne associé à un contexte devenu hautement spéculatif. Il ne peut s'agir d'une monnaie, car le *bitcoin* ne remplit pas les fonctions aristotéliciennes d'unité de compte et de réserve de valeur, et ne sert d'intermédiaire des échanges que de façon imparfaite (avec des coûts de transaction élevés).

Le mécanisme de création de *bitcoin* n'a rien à voir avec la création monétaire telle qu'elle est pratiquée par les banques centrales et les banques commerciales : les nouveaux *bitcoins* créés sont mis en circulation sous la forme de rémunération des « mineurs », qui se chargent de manière décentralisée de la vérification, la sécurisation et de l'enregistrement des transactions. Contrairement à ce qui prévaut dans le cadre des monnaies (qu'il s'agisse de monnaie-dette ou de monnaie banque centrale), la mise en circulation de nouveaux *bitcoins* ne passe pas par l'inscription d'une contrepartie au passif du bénéficiaire, mais elle correspond à un « flux » de rémunération sans impact sur les « stocks ». Pour résumer à gros traits, il s'agit donc d'un objet dont la création rémunère immédiatement ses créateurs, au lieu de profiter sur le long terme à des bénéficiaires : le *bitcoin* n'est donc sans aucun lien avec la création de valeur « réelle », qui, elle, est rendue possible par la création d'une vraie monnaie. Autrement dit, le *bitcoin* est surtout assis sur le « coût » de son utilisation et de sa maintenance. Mais même la rémunération de ce coût est en fait essentiellement virtuelle, car la trajectoire du volume de *bitcoins* en circulation est connue d'avance et limitée, de façon arbitraire.

Au final, le *bitcoin* constitue un exemple d'innovation financière tout à fait séduisante sur le papier mais sans intérêt pour la sphère réelle de l'économie. L'objectif de mise en place d'un système alternatif de paiement et d'échanges peut se comprendre, mais rien ne sert de remettre en cause le monopole bancaire de la création monétaire si les contre-propositions sont encore moins efficaces, et encore plus éloignées de l'intérêt général. En ce sens, loin de fournir une alternative crédible au système monétaire actuel, le *bitcoin* ne propose qu'un système autocentré et auto-rémunérateur, qui ne fait qu'ajouter une couche de bruit. Cette critique est renforcée dans le contexte actuel où le *bitcoin* est devenu un objet purement spéculatif, sans aucun lien avec le réel, si ce n'est par le jeu de la convertibilité avec des vraies monnaies (que le spéculateur espère à un taux plus faible lorsqu'il achète que lorsqu'il revend).

Au contraire, il existe des innovations passionnantes parce que tout à fait en prise avec la réalité : il est temps de promouvoir des instruments de financement et d'investissement qui redonnent à la finance son rôle d'accompagnement du développement de l'économie réelle. Par exemple, le Financement 4P (pour Principe du Partage des Profits et des Pertes) constitue un moyen de financement original, à la fois alternatif et hybride par rapport au prêt avec intérêt et au capital-risque [Du Marais et Ordody, 2013]. Sa rémunération est fondée sur le partage, selon un pourcentage convenu à l'avance et contractualisé, des profits espérés, voire également des pertes éventuellement constatées. Les profits – voire, si les deux parties en sont d'accord, les pertes – définis à partir du résultat retraité comptablement, sont alors imputés sur chaque échéance de remboursement. Le 4P n'est ni une participation au capital d'une entreprise, ce qui le distingue aussi d'une obligation convertible, ni une rente née du bien financé. Il se conçoit comme une créance prioritaire sécurisée par toutes les formes habituelles de garanties et d'engagements, notamment en termes d'information.

Le pourcentage de partage émane de la négociation entre les deux parties au contrat, et donc de la rencontre entre leurs anticipations respectives du résultat de l'entreprise. La relation entre apporteur de fonds et porteur du projet redevient un partenariat de confiance [France Innovation, Pôle de compétitivité, 2013]. Le taux d'intérêt est en effet remplacé par le taux de rendement estimé du projet.

Parfaitement adapté au contexte actuel de faible taux d'intérêt et de réticence à l'introduction en Bourse, le Financement 4P permet à l'économie de devenir plus stable et résiliente. En effet, il génère une charge financière prévisible et flexible, car toujours proportionnelle au résultat de l'entreprise. Au contraire, le taux d'intérêt est fixé à l'avance sur des marchés et selon des critères lointains de l'entrepreneur, échappant ainsi aux cocontractants. Le 4P empêche la charge d'intérêts de produire son effet boule de neige néfaste en période de ralentissement. En libérant l'entreprise des facteurs de risques systémiques exogènes, le 4P préserve alors les compétences de l'entreprise et la positionne dans une dynamique de croissance. Enfin, il réduit le risque de chômage et d'exclusion : tant que le résultat à partager est positif, l'entreprise reste pérenne même si elle traverse des « trous d'air ».

Devant l'inertie de la place financière à s'ouvrir à ce type d'instrument, les pouvoirs publics devraient faciliter son adoption par un alignement des règles comptables, fiscales et régulatrices pour intégrer le financement 4P dans la panoplie des instruments de financement et d'épargne.

Orienter vers la finance solidaire

Toutes les analyses développées ci-dessus tendent à prouver que le monde de la finance est porteur d'un large potentiel d'outils, formidables s'ils sont mis au service de l'économie réelle et de la société dans son ensemble, mais qu'il existe des secteurs dans lesquels les acteurs financiers s'investissent moins spontanément, ou qui nécessitent l'implication concomitante d'acteurs sociaux. La formalisation de la « finance solidaire » a pour but d'accompagner cette orientation qui va dans le sens de l'intérêt général : elle regroupe les produits d'épargne conçus spécifiquement pour soutenir des activités à forte utilité sociale et environnementale[22].

Cette notion doit cependant être manipulée avec prudence, tant il peut être tentant d'apposer sur un produit quelconque une étiquette « solidaire » pour en faciliter la distribution : on retrouve ici, appliquée à la finance, des problématiques bien connues du monde du commerce équitable. L'association Finansol présente une démarche intéressante à cet égard, notamment par la création en 1997 d'un label identifiant les produits d'épargne ouverts au grand public qui se révèlent effectivement solidaires, au regard de critères concrets définis par un comité d'experts.

Au-delà des garanties offertes à l'épargnant par la labellisation, Finansol s'emploie à promouvoir la finance solidaire, qui, selon ses critères, ne représente en 2015 que 0,19 % du patrimoine financier des Français. Dans un livre blanc édité à l'occasion de l'élection présidentielle de 2017, l'association formule dix propositions.

Les cinq premières visent à collecter davantage d'épargne solidaire :

[22] La notion est donc forcément subjective.

1) Rendre obligatoire la présentation d'un contrat d'assurance vie solidaire dans la gamme de tout assureur vie ;
2) Proposer une offre d'épargne réglementée solidaire ;
3) Rendre l'épargne salariale solidaire plus attractive ;
4) Soutenir le développement de l'actionnariat solidaire ;
5) Rendre les titres des entreprises de l'économie sociale et solidaire éligibles aux plateformes de financement participatif.

La sixième proposition entend ouvrir aux investisseurs institutionnels le champ de l'investissement solidaire :

6) Permettre aux caisses de retraite, aux assureurs, aux fondations et aux fonds de dotation de financer les entreprises solidaires ;

Viennent enfin quatre propositions pour améliorer la prise en compte de l'investissement solidaire par les pouvoirs publics :

7) Renforcer la garantie « fonds propres » de Bpifrance ;
8) Reconnaître la spécificité de l'investissement et du financement solidaires à travers la formalisation par l'AMF d'une doctrine adaptée ;
9) Clarifier l'attribution de l'agrément « entreprise solidaire d'utilité sociale » tout en maintenant son exigence ;
10) Agir pour une reconnaissance européenne des investisseurs et des entreprises solidaires.

Toutes ces propositions sont intéressantes dans la mesure où elles s'inscrivent pleinement dans le système financier et cherchent à en tirer le meilleur pour financer des projets socialement responsables. Elles interpellent le citoyen et le décideur politique sur l'ensemble de leurs champs d'action : législation, réglementation, intermédiation entre les acteurs, soutien financier, régulation et agrémentation, participation directe et réglementation… Ces dix propositions sont accompagnées de moyens de mise en œuvre très concrets de la part de Finansol, et il nous semble qu'une vision personnaliste de la finance ne peut qu'y souscrire.

L'essor des plateformes de *crowdfunding* constitue également une innovation qui mérite qu'on s'y arrête pour voir comment elle peut être utilisée à bon escient. Le *crowdfunding* désigne un système de financement participatif apparemment sans intermédiaire entre celui qui met des fonds à disposition et celui qui cherche un financement. Il peut prendre toutes les formes qui vont du don pur à l'acquisition de parts du capital social d'une entreprise (*crowdequity*), en passant par le don avec récompense et le prêt (*crowdlending*). Ce système peut constituer une méthode de commercialisation avancée d'un produit : l'investisseur permet au projet de voir le jour tout en acquérant par avance le bien ou le service qu'il vise à produire. Le financement participatif n'est pas une nouveauté, mais la possibilité de créer des plateformes numériques lui fait connaître un essor considérable en permettant désormais aux co-investisseurs de se réunir autour d'un projet précis et non plus sur la base d'un réseau préexistant.

Les approches sont un peu différentes selon le type de participation. Le don pur ou le don contre récompense correspondent à une forme de mécénat, éventuellement associée à la possibilité d'acquérir de façon précoce un produit. En revanche, le prêt et le financement participatif en capital constituent pour l'épargnant de véritables modes d'investissement. Dans tous les cas, les plateformes qui se développent fournissent de nouveaux moyens de faire financer des projets, pour ceux qui les portent, en faisant jouer plus ou moins la corde de la solidarité et celle de l'espoir d'un retour sur investissement.

Ce nouveau secteur n'est pas exempt de risques et doit donc faire l'objet d'une réglementation adaptée. Le statut d'intermédiaire et de conseil en investissement participatif date de 2014 en France : ce cadre relativement jeune doit être suivi de près pour être affiné mais aussi ajusté aux évolutions. Ces sociétés spécifiques ne peuvent pas être traitées comme dans entreprises non financières : par exemple, en cas de faillite d'une plateforme de *crowdlending*, comment organise-t-on le recouvrement des créances en cours ? Les annuler purement et simplement ne serait pas à l'avantage du prêteur, et obliger l'emprunteur à un remboursement anticipé pourrait au contraire le pousser à la faillite. C'est à ce type de question que la régulation est censée répondre. Cette réflexion permet aussi de souligner que l'absence d'intermédiation n'est qu'apparente : la « plateforme » elle-même joue un rôle de sélection et de vérification des projets proposés à l'investissement.

Même réglementé, le financement participatif reste un mode particulièrement risqué pour le prêteur : absence de liquidité, risque de perte de solvabilité de l'emprunteur, absence de garantie ou de nantissement… La démarche du *crowdlending* demeure donc intimement liée à la volonté de donner sa chance à un projet porteur de sens et non seulement à la recherche de rentabilité financière. Ainsi, la documentation et l'information du prêteur doivent être irréprochables, et il revient au législateur de se pencher sur les obligations qui pèsent, en la matière, sur les plateformes et autres intermédiaires, et de définir une véritable politique de contrôle et d'encadrement des pratiques afin de protéger les acteurs.

La finance participative est souvent envisagée comme l'un des leviers possibles de la transition écologique : la loi du 17 août 2015 autorise notamment le financement participatif de projets d'énergie renouvelable par la participation de particuliers ou de collectivités situés à proximité des installations prévues. Dans la même logique, un label du financement participatif pour la croissance verte a été discuté fin 2016 et a donné lieu à une consultation publique.

Chapitre 5

Financer la transition énergétique

L'une des limites – prévisible – de notre approche consiste à ne pas questionner la pertinence des projets rendus possibles : certes, nous interrogeons la disponibilité de financements, mais nous ne nous reconnaissons nullement dans la théorisation contemporaine de l'infini de nos désirs, qui, pour paraphraser le titre d'un livre de Daniel Cohen, constituent la réponse théorique de l'économie de la croissance au dilemme de la finitude du monde. Comme le remarque Pierre-Yves Gomez[23], cet emballement est lié, en réalité, à l'aliénation schizophrène du travailleur par le consommateur. Le rôle de la finance dans ce processus est ambigu : si des pressions à la rentabilité existent, elles sont davantage le fait du financement interne (les actionnaires) que du financement externe de l'entreprise. C'est donc d'abord la gouvernance des entreprises qui est à revoir, pour sortir du dogme popularisé par Milton Friedman selon lequel la stratégie de

[23] Pierre-Yves Gomez, *Intelligence du travail*, Desclée de Brouwer, 2016.

l'entreprise se décide uniquement dans l'intérêt de ses actionnaires : les recherches de l'économie de la réciprocité apportent de nombreux éléments probants sur l'efficacité des modes de gouvernance alternatifs.

Par ailleurs, la financiarisation pose un vrai problème par la déconnexion de plus en plus forte entre les marchés financiers et la sphère réelle, sous couvert d'une complexité apparente des opérations, censée justifier leur rentabilité, alors qu'il ne s'agit le plus souvent que de paris sans fondement[24] : outre une réponse par la fiscalité sur les transactions les plus vaseuses, le politique peut, positivement, favoriser les financements ancrés dans le réel et véritablement porteurs à long terme.

C'est pourquoi, dans cet ouvrage portant spécifiquement sur la finance, il paraît utile de nous inscrire dans le cadre de l'écologie intégrale, dans le sillage notamment de *Laudato Si*, en détaillant davantage les manières dont le politique peut utiliser la finance pour favoriser la transition énergétique indispensable à la sauvegarde de notre maison commune.

D'ailleurs, comme le suggère Michel Godron dans son ouvrage *Écologie intégrale*[25], l'économie et l'écologie peuvent être vues comme complémentaires : il applique à l'une les méthodes de l'autre et s'interroge au final : « L'écologie ne serait-elle pas l'économie vue sur le long terme ? »

Ce sujet est assez emblématique, non seulement en raison de son urgence mais aussi en tant qu'exemple flagrant de cas où la somme des intérêts individuels va à l'encontre de l'intérêt collectif : si tous ont intérêt à la sauvegarde de l'environnement, chacun peut avoir

---

[24] Jean-Claude Michéa, *Notre ennemi, le capital*, « Climats », Flammarion, 2017.

[25] Michel Godron, *Écologie intégrale*, L'Harmattan, 2017.

tendance à jouer les passagers clandestins en faisant porter sur les autres la charge écologique. La création d'un marché carbone a constitué une tentative intéressante de répondre à ce dysfonctionnement en faisant supporter aux émetteurs le coût de leurs externalités négatives, avec un système d'échanges permettant aux plus vertueux de revendre des quotas d'émission dont ils ne se servent pas. Évacuons rapidement les critiques qui s'offusquent de la reconnaissance d'un « droit à polluer » : il est évident que l'interdiction brutale de toute forme de pollution ne saurait constituer un objectif politique réaliste, mais qu'en revanche tenter de formaliser à l'échelle de la société entière un arbitrage coût/bénéfice en utilisant des outils de marché pour refaire une juste répartition des responsabilités paraît plutôt justifié. Il s'agit donc de déterminer un « *optimum* de pollution » qui suppose de ré-internaliser le coût des externalités environnementales[26].

Force est toutefois de constater que le marché mis en place en Europe en 2005 n'est pas à la hauteur des attentes, en raison des imperfections du marché lui-même, construction sociale qui conduit à sous-évaluer le coût effectif de la tonne de carbone, en grande partie en raison de la trop grande générosité avec laquelle les quotas ont été distribués, sur fond de chantage à la délocalisation : on entrevoit déjà les limites d'un « marché » qui ne serait pas mondial. Au-delà de l'exemple de la tentative européenne ratée qui s'oriente désormais vers la suppression des quotas gratuits, il faut prendre davantage de recul pour constater que, s'il est possible d'utiliser les outils du libre-échange pour réguler les émissions de carbone, il paraît totalement illusoire de compter sur un marché pour déterminer ce que serait un « juste » prix de la pollution.

---

[26] Philippe Bontems et Gilles Rotillon, *L'Économie de l'environnement*, La Découverte, 2003.

L'approche régulatrice ne suffit donc pas à transcrire dans le réel une volonté politique de préservation de notre maison commune. Or, la formalisation de crédit-carbone n'est pas la seule façon de financiariser les problématiques écologiques : dans *Illusion financière*[27], Gaël Giraud suggère de recourir à la création de monnaie interne pour financer positivement la transition écologique. Cette solution doit s'inscrire, nous dit-il, *« dans un projet global de société européenne construite autour de biens communs »*. Le mécanisme de création monétaire est abordé un peu plus loin dans le présent ouvrage, et l'essentiel à en retenir est que la monnaie est créée *ex nihilo*, à rebours de notre expérience courante qui suggère plutôt qu'il s'agit d'un stock fixe car, en tant que ménage ou qu'entreprise non financière, nous n'avons pas le pouvoir de créer de la monnaie et dépendons pour cela de ressources extérieures. Gaël Giraud détaille la révolution copernicienne à laquelle nos esprits doivent se prêter pour comprendre que la monnaie est un commun, ce qui suppose de renvoyer dos à dos la privatisation du crédit à laquelle nous sommes aujourd'hui confrontés[28] et la conception de la monnaie comme un bien public, porteuse de l'habituelle crainte de dérapage par l'action d'un personnel politique laxiste et démagogue.

L'économiste appelle donc de ses vœux la mise en place d'un *« financement de la transition énergie-climat [...] par la création monétaire confiée à [une banque centrale ou une banque publique d'investissement] placée sous le contrôle d'une Union politique européenne »*. Il examine quelques obstacles techniques et apporte

---

[27] Gaël Giraud, *Illusion financière*, Les éditions de l'Atelier, 2012.

[28] Les banques commerciales ayant le monopole de la création monétaire.

quelques propositions, mais souligne avant tout que le principal frein est politique, en raison d'idées reçues héritées de l'histoire ou, pire, d'un abandon de la volonté de recourir à la puissance transformatrice de l'État.

Nous n'entendons pas épuiser ici la question du financement de la transition énergétique, mais il nous paraissait important d'en dire quelques mots, à la fois en raison de l'importance cruciale du sujet et car il nous fournit de bons exemples de la diversité des solutions financières à un problème mais aussi de la force des *a priori* idéologiques.

Chapitre 6

La place particulière de l'État parmi les agents financiers

La question du financement de la transition énergétique soulève le paradoxe d'un État qui ne crée pas de monnaie lui-même mais conduit les acteurs privés à en créer pour le financer… Ce qui nous amène à nous poser la question de la place particulière de l'État vis-à-vis de la finance. Nous n'entendons pas régler la question de la dette publique, qu'il conviendrait d'ailleurs de rattacher davantage à la politique de service public et à un regard global sur la comptabilité de l'État.

Mais il nous faut remarquer que ce dernier est un agent à part, dans la mesure où il combine des actions non financières à titre principal et financières à titre accessoire. Nous allons évoquer plus loin son rôle dans la régulation, et nous avons vu précédemment combien l'action politique pouvait (ou avait pu) dans certains cas conduire à privilégier le financement de projets porteurs par la création monétaire, mais il est vrai qu'on pense en général davantage à l'État comme emprunteur.

Si l'on regarde les choses simplement, l'État a deux ressources principales : les impôts et la dette. Par ce dernier terme, on entend à la fois des emprunts mobilisant l'épargne des agents non financiers mais aussi la création monétaire directe (par la banque centrale, lorsque c'est autorisé) ou indirecte (par les banques commerciales).

Or, le recours à l'impôt plutôt qu'à l'emprunt n'a rien d'évident : on entend souvent que la dette pèsera sur nos enfants, mais un niveau d'imposition excessif peut avoir également un effet désincitatif qui diminue les perspectives futures… et grève donc le revenu des générations à venir. Quant à la baisse généralisée des dépenses publiques, si elle est réalisée sans prendre le temps d'identifier les gains de productivité possibles, elle prive également nos héritiers d'infrastructures et d'investissements susceptibles de soutenir leur économie.

Pour le dire autrement, dès lors qu'une dépense publique est justifiée au regard du bien commun, toutes les options pèsent sur les générations futures : l'endettement, l'impôt, ou la renonciation à la dépense. L'essentiel est donc de s'assurer que les bénéfices futurs attendus dépassent les coûts.

En réalité, pour le bon fonctionnement macroéconomique du système économique et financier, la politique de financement public devrait être contracyclique : impôt et désendettement dans les périodes fastes, endettement en période de crise. La période récente montre combien le recours à la rigueur et à l'austérité en situation de crise ne fait qu'empirer les choses et prolonge les difficultés économiques, les transformant en cauchemar social.

Le choix de cibler la nécessité de la baisse de l'endettement public comme prérequis, sans discernement de la manière d'y parvenir, paraît donc en grande partie un leurre. En réalité, les appels à la réduction de l'endettement souverain cachent toujours de véritables objectifs politiques qui peuvent varier selon l'orientation : privatisation des services publics, recours à l'impôt auprès d'une population ciblée…

Cela ne veut pas dire que les objectifs de diminuer la dépense publique et d'augmenter les recettes en réformant le système fiscal pour gagner en justice et en efficacité ne doivent pas être poursuivis : mais les prendre par le biais unique du risque que ferait peser un endettement excessif, c'est avoir l'assurance de manquer sa cible et de rester dans une stérilité idéologique déconnectée de la réalité.

Prenons à titre illustratif la fable d'une administration publique dans laquelle on trouve deux services. L'un a réussi au fil des années à se constituer une marge de manœuvre confortable, tandis que l'autre, au contraire, est déjà surchargé de travail et parvient à peine à remplir ses objectifs avec les moyens qui lui sont confiés. Supposons qu'un audit soit chargé d'identifier les sources de gains de productivité et y parvienne : dans ce cas les charges seront rééquilibrées entre les deux services, qui arriveront collectivement à faire autant avec moins de moyens. Supposons au contraire qu'une règle arbitraire de diminution de 30 % des ressources affecte également les deux services : celui qui était déjà surchargé ne pourra plus suivre, alors que celui qui ne l'était pas organisera peut-être une grève pour faire bonne figure, mais sera mieux en mesure de continuer à produire les mêmes résultats qu'auparavant. Au final, cette deuxième solution conduit donc non seulement à une perte globale de productivité (qui aurait pu être évitée), mais aussi à la récompense du « mauvais élève » au détriment du bon : celui qui était le moins productif est loué pour sa capacité d'adaptation au changement alors que celui qui était déjà le plus efficace a moins de marge de manœuvre. Derrière cet exemple caricatural et simplificateur, nous cherchons donc à pointer les effets néfastes d'un discours déraisonné sur la dette publique. Diminuer la dépense publique sans réfléchir finement aux sources de gains de productivité, c'est avoir l'assurance de faire perdre la sphère publique en efficacité et en utilité pour les usagers : souvent une stratégie du déluge pour préparer une privatisation.

De plus, la contraction d'une administration peut se traduire par une externalisation du travail effectué : Pierre-Yves Gomez remarque ainsi que la déclaration des impôts en ligne conduit à faire réaliser – gratuitement – par l'usager le travail qui relevait auparavant d'un service public : *« Les artisans ou les exploitants agricoles qui se désolent de devoir passer une journée par semaine en moyenne pour répondre à des exigences administratives doivent, pour être exact, reformuler leurs doléances de cette manière : en sus de leur propre travail, ils sont contraints d'effectuer celui d'un fonctionnaire, à temps partiel et gratuitement*[29]*. »* Il est amusant de constater combien ce qui apparaît souvent comme le signe de « trop d'État » est plutôt la conséquence d'un « pas assez »…

Redisons-le une dernière fois : nous ne sommes pas en train d'affirmer que le niveau d'endettement public ne pose pas de problème, mais nous en appelons à une réflexion intelligente et non faussée par des arrière-pensées sur le sujet. Pour autant, l'importance du poids de la dette publique varie en fonction du contexte politique : l'endettement du Japon est bien supérieur à celui des pays de la zone euro mais il n'est pas au bord de la faillite pour autant. En ce sens, le problème rencontré par la Grèce provient donc des dysfonctionnements de la zone Euro et de l'inadéquation des solutions politiques proposées par ses partenaires européens : si un marché de niche

[29] Pierre-Yves Gomez, *Intelligence du travail*, Desclée de Brouwer, 2016.

échangeant des dérivés de dérivés de dérivés a pu se mettre, par malice ou désœuvrement[30], à parier sur un défaut de la Grèce, il aurait pu suffire d'une réponse ferme et non équivoque de soutien de l'ensemble des pays européens pour balayer d'un revers de main cette possibilité.

Les pays de la zone Euro sont donc pénalisés notamment par le déséquilibre entre une politique monétaire commune et dix-neuf politiques budgétaires séparées, ou plus généralement par une absence de projet politique commun permettant de faire fonctionner économiquement la zone monétaire et même, plus globalement, de lui donner un sens. Ainsi, l'État acteur financier restera en situation de déséquilibre instable tant que l'intégration européenne ne sera pas achevée, *a minima* au niveau de la zone Euro. C'est l'une des raisons pour lesquelles Patrice Obert et Philippe de Roux appellent, dans *À contre-courant*[31], à la création d'un parlement de la zone Euro, doté de vrais pouvoirs. Dans un contexte où la défiance envers le personnel politique national est très forte, il nous semble que le lancement de véritables projets d'harmonisation européenne est une manière de redonner aux peuples de la souveraineté.

Il faut retenir les appels d'une partie de la gauche française à créer des euro-obligations à la place des obligations de chacun des dix-neuf États. Cette idée va dans le bon sens si elle s'accompagne d'un vrai chantier de consolidation politique, en revanche elle paraît contre-productive si elle est conçue uniquement comme un

---

[30] Ou plus probablement parce qu'un marché n'est doué ni de raison, ni de morale.

[31] Patrice Obert, Philippe de Roux et Les Poissons Roses, *À contre-courant : Pour guérir la gauche et relancer la France*, Le Cerf, 2016.

moyen de « faire payer l'Allemagne[32] », en restant dans une logique nationale : la France ne serait pas la France si elle passait son temps à étudier le déficit commercial de l'Aude vis-à-vis des Côtes d'Armor. Notons à ce titre que les arguments souvent entendus sur l'hétérogénéité économique des différents pays de l'Union européenne dissimulent en réalité l'absence de volonté politique : considérerait-on que le Wyoming est suffisamment comparable à la Floride pour intégrer ces deux États dans la zone Dollar ?

Un dernier levier d'action de l'État comme agent financier réside dans son attitude vis-à-vis de ses propres créanciers : dans une perspective de développement, il apparaît souhaitable de réduire la dette des pays pauvres, en s'assurant que cette réduction ne profite pas aux proches du pouvoir.

---

[32] Qui, il est vrai, a joué un jeu non coopératif sur le plan économique et se retrouve aujourd'hui prise à son propre piège avec la tourmente économique dans laquelle elle a contribué à plonger les partenaires qui importaient ses biens et services.

LA STABILITÉ FINANCIÈRE ET LA JUSTICE SOCIALE

Chapitre 7

Repenser l'impôt comme outil de régulation des activités financières

La question de la justice et de l'efficacité du système des prélèvements obligatoires nécessiterait un ouvrage entier… Toutefois, l'ensemble des travaux précédents nous révèlent que la finance fourmille d'outils très utiles dès lors qu'ils sont connectés à l'économie réelle mais peut aussi constituer un accélérateur d'inégalités et une trappe à précarité dès lors qu'elle cesse d'être un moyen et devient sa propre fin. Or, la fiscalité fait partie des moyens dont dispose l'État pour corriger l'inefficience des marchés et les remettre au service du bien commun.

Considérons l'exemple de la taxation des transactions financières, élargissant le concept de la taxe Tobin (qui se limite, quant à elle, aux transactions monétaires internationales) : l'idée générale est de déconnecter la taxation de la notion de plus-value, déjà imposée par ailleurs, pour générer un prélèvement lié au seul volume échangé et qui s'applique à tous. Ainsi donc, si les activités les plus spéculatives contribuent marginalement autant que les placements au long court, ces derniers débouchent sur des transactions moins fréquentes, et sont de fait encouragés par la taxe.

En France, une taxe sur les transactions financières (TTF) est entrée en application le 1er août 2012 et concernait à l'origine tout achat au comptant d'action d'une société française dont la capitalisation boursière dépasse un milliard d'euros, au taux de 0,2 % du montant de l'achat. L'expression « au comptant » avait son importance, car elle impliquait que le compte était fait à chaque clôture journalière, et donc que les opérations les plus spéculatives (opérations *intraday* d'achat et de revente dans la journée, et *trading* haute fréquence à la microseconde) échappaient à l'assiette. Une partie du produit de cette taxe est affectée à l'aide au développement.

Le *trading* à haute fréquence faisait quant à lui l'objet d'une taxation à part, assez légère et facilement contournable : les transactions au cours de la journée qui n'étaient pas annulées dans la demi-seconde échappaient à toute taxe. Or, ces dernières représentent 21 à 45 % des opérations réalisées sur les actions de la Bourse de Paris, selon l'ESMA (l'équivalent européen de l'AMF) : les intégrer pouvait donc doubler le rendement – et le caractère « juste » – de la taxe.

Dans le cadre de la discussion du projet de loi de finances de 2017, un amendement a donc été proposé pour ajouter les transactions journalières à l'assiette de la TTF, après d'autres tentatives dans ce sens ayant toutes échoué depuis 2012. Cet amendement a rencontré en commission des Finances une opposition inattendue. Un premier argument était que l'instauration de la taxe sur le *trading* à haute fréquence aurait conduit les sièges sociaux des entreprises cotées à quitter la France. Or, si les grands groupes tiennent à ce que leurs titres s'échangent assez facilement, leur objectif reste le financement de moyen ou long terme et ils n'ont donc pas intérêt à être l'objet de spéculations à haute fréquence. Les traders, quant à eux, sont soumis à la taxe quel que soit leur emplacement : en pratique, ils sont nombreux à s'être installés à Londres dès 2010 pour gagner quelques précieuses millisecondes dans leurs échanges avec New York.

Les travaux en commission ont également fait ressortir l'idée que les échanges *intraday* permettent le financement des entreprises et que les taxer ne ferait que diminuer le volume des transactions. Toutefois, le financement spéculatif (à la journée) entretient une volatilité des cours des actions qui n'a rien à voir avec les besoins de financement des entreprises (même de court terme) et peut au contraire les fragiliser.

Venaient enfin deux arguments ayant trait à la compétitivité de la place financière de Paris : d'une part, cette mesure était présentée comme contradictoire avec le travail mené pour une harmonisation européenne de la TTF, et d'autre part, elle envoyait un mauvais signal au moment où les principales villes d'Europe tentaient de récupérer les activités qui quittent Londres suite au Brexit. Ces idées avaient leur part de vérité, mais il est difficile de se plaindre du *dumping* des autres pays quand on tente soi-même d'utiliser les mêmes méthodes, et le fait d'appliquer une mesure en avance de phase sur l'Union européenne permettait de gagner en crédibilité.

Au final, l'amendement a été rejeté en commission des Finances mais adopté en séance plénière, contre l'avis du gouvernement de Manuel Valls.

Au-delà de l'exemple de la taxe sur les transactions financières, le déséquilibre plus global entre la taxation des revenus du capital et celle des revenus du travail n'est pas sans conséquence sur l'émergence d'une finance « hors-sol » et sur l'aggravation des inégalités. Le sujet dépasse le cadre de notre étude car les revenus du capital ne sont pas uniquement constitués de revenus de produits financiers, mais l'équilibre du rapport des forces passe aussi par la fiscalité.

La question de la justice fiscale est complexe car il s'agit d'un domaine dans lequel les postures sont nombreuses et plombent le débat. Il est, par exemple, communément admis que l'ancien impôt sur la fortune était un élément essentiel du dispositif de justice sociale et il est vrai qu'il venait légèrement contrebalancer les effets d'un impôt sur le revenu qui est régressif pour les 5 % les plus riches[33]. Toutefois, il convient de se demander si imposer le patrimoine a vraiment du sens. Prenons l'exemple d'une personne qui aurait hérité d'une grande maison : elle peut par exemple en faire un hôtel de luxe hautement rémunérateur, une maison de famille, un ensemble de logements locatifs de niveau intermédiaire ou encore un centre d'accueil pour des sans-abri ou des réfugiés. Ces quatre exemples sont éminemment respectables, mais méritent-ils le même niveau de taxation ? Le problème de l'imposition sur le capital est qu'il préjuge du fait, d'une part, que son détenteur va optimiser les bénéfices attendus et d'autre part, que cette optimisation sera rationnelle économiquement et contribuera à la création de richesse globale. Le taux d'imposition fixe ainsi une norme de rentabilité minimale. Or dans la période actuelle de taux d'intérêt – et donc de taux de rendement – très faibles s'ajoutent les effets défavorables d'un taux fixé à la fois de façon rigide – car politique – et progressive. Le taux de rendement de certains actifs (obligations, assurances vie et immobilier

---

[33] Camille Landais, Thomas Piketty et Emmanuel Saez, *Pour une révolution fiscale : un impôt sur le revenu pour le XXIe siècle*, Seuil, 2011.

locatif) étant maintenant inférieur ou très proche du taux d'imposition à l'ISF, ces placements n'ont plus aucune rentabilité financière alors qu'ils peuvent conserver une pertinence économique et sociale.

Bien entendu, il est nécessaire que l'épargne contribue à financer les investissements, mais faut-il en déduire que tout élément de patrimoine tend vers cet objectif, et orienter la fiscalité vers cette fin normative ? La démarche d'un Odon Vallet, se défaisant de son héritage pour mettre en place un système de bourses en faveur d'étudiants africains, est-elle moins utile au bien commun que la recherche d'investissements rémunérateurs ?

La restriction de l'ISF à un impôt sur la fortune immobilière, telle qu'elle a été mise en œuvre par le gouvernement Philippe, constitue donc un contresens total sur la valorisation sociale du patrimoine : dans cette logique, il y aurait donc le « bon » patrimoine (financier) et le « mauvais » patrimoine (immobilier). Or, pour faire court, il existe des investissements financiers qui détruisent l'emploi et la planète et il existe au contraire des investissements immobiliers qui sont en faveur du bien commun. La démarche fiscale pilotée par Emmanuel Macron obéit en fait à l'idée que ce qui manque pour que les entreprises françaises développent davantage de projets et fassent repartir l'emploi, ce sont des capacités de financement des investissements. En cette période où les marchés sont inondés de liquidités, nous croyons au contraire que la disponibilité globale du financement n'est pas l'aiguillon initial : l'envie d'entreprendre dépend d'abord d'un contexte social porteur, la disponibilité de moyens de financements adéquats ne venant que dans un deuxième temps, plus sous l'angle de la répartition des moyens que sous celui de leur volume total.

Il nous semble donc que, dans la recherche de la justice et de l'efficacité fiscales, le remplacement de l'ISF/IFI et de la taxe foncière par un renforcement d'un impôt sur le revenu qui tiendrait compte, finement, des revenus implicites du patrimoine (comme c'est le cas en Suède, notamment), serait de nature à améliorer le dispositif en diminuant la pression que la fiscalité fait porter sur la rentabilité des placements financiers, y compris en dehors de toute logique économique réelle.

Il faut enfin noter que l'État a également pris l'habitude de subventionner certains produits en les faisant bénéficier d'une fiscalité avantageuse. C'est le cas notamment de l'assurance vie, associée – à l'origine – à l'idée que ce type de produit favorise le financement de l'économie domestique. Dans un contexte mondialisé, de nombreux actifs internationaux figurent au portefeuille des assureurs vie et de nombreux fonds étrangers sont placés dans l'économie française, ce qui restreint la justification de l'avantage fiscal accordé, notamment sur les contrats en « unités de compte ». L'objectif politique ne serait donc pas forcément d'augmenter encore la place, déjà élevée, des prélèvements obligatoires, mais de réviser les types de produits dignes de bénéficier d'avantages fiscaux, en se tournant par exemple vers les placements solidaires ou en faveur de la transition énergétique.

Chapitre 8

Renforcer la coopération internationale sur les sujets monétaires, la stabilité financière et les projets de développement

Comprendre les principes d'une régulation juste et efficace

Le secteur financier présente des particularités qui rendent nécessaires l'adoption de normes de prudence qui s'appliquent à tous. Il nous paraît important de présenter la logique générale qui justifie le besoin d'une régulation des activités financières, qui ne doit pas être le fruit d'un goût bureaucratique pour les normes contraignantes mais bien une impérieuse nécessité, afin de garantir la stabilité financière, la pérennité du système et une juste répartition des risques.

Notre environnement monétaire et financier repose sur la confiance. Pour schématiser, une banque reçoit les dépôts de ses épargnants et fournit des prêts à ses emprunteurs. Accorder un crédit, c'est émettre de la monnaie, de la monnaie « scripturale » qui repose sur des écritures comptables, par opposition à la monnaie

« fiduciaire » qui repose sur la confiance en la valeur des billets et pièces mis en circulation par la banque centrale[34].

La compréhension du mécanisme de création monétaire par l'émission de crédit suppose une gymnastique intellectuelle importante pour nos esprits habitués à appréhender le monde avec l'idée que les choses ont une juste valeur et que l'argent ne sort pas de nulle part. Or, le principe de base du crédit bancaire est bien qu'au moment du déblocage des fonds, la banque écrit au crédit du compte de dépôt de l'emprunteur un montant qui s'inscrit, à ce titre, au passif de la banque, et en parallèle elle inscrit à son actif le même montant, correspondant à la créance qu'elle détient sur l'emprunteur. C'est cette double écriture qui est à la base de la création monétaire par le crédit. Dès lors, l'emprunteur acquiert une capacité

[34] Les deux types de monnaies peuvent se rejoindre, comme dans le cas iconoclaste de la banque Wir, qui propose aux entreprises suisses des crédits qui sont libellés dans une monnaie propre, dont elle organise la circulation en parallèle du franc suisse. Pour autant, au-delà de cet exemple sympathique, la coexistence de plusieurs monnaies fiduciaires sur un même territoire se fait en général au détriment de l'une d'elle et au prix d'un affaiblissement de la stabilité du système monétaire, basé sur la confiance. C'est la raison pour laquelle on peut considérer que l'idée de développer des monnaies locales pour encourager l'activité part d'une bonne intention mais se heurte concrètement à deux écueils opposés : soit il s'agit d'un sous-produit de la monnaie banque centrale et les marges de manœuvre purement monétaires sont très faibles, soit il s'agit d'une monnaie véritablement indépendante et elle est donc soumise à une fragilité inversement proportionnelle à l'importance du territoire auquel elle est rattachée. En pratique, les monnaies locales peuvent constituer des moyens d'échange de biens et service à court terme, mais ne remplissent pas la fonction monétaire de réserve de valeur.

immédiate de dépense supplémentaire sans que personne d'autre n'ait renoncé pour cela à son pouvoir d'achat, l'argent dont il dispose n'étant pris à personne mais adossé à sa promesse d'un remboursement futur : c'est en ce sens qu'il est juste de parler de création monétaire et non de transfert.

Le mécanisme d'écritures peut se poursuivre assez loin : si l'emprunteur utilise son crédit pour financer un bien par transfert bancaire, l'argent va transiter sur le compte de dépôt d'un autre client (de la même banque ou d'une autre), puis le producteur du bien utilise ces fonds pour payer ses fournisseurs et ses employés, le tout jusqu'à ce que quelqu'un utilise l'argent pour rembourser un crédit, ce qui met un terme à la circulation de monnaie. La monnaie scripturale circule donc sur la base d'un montant créé par l'opération initiale de crédit en contrepartie de l'inscription de la créance à l'actif de la banque prêteuse. Autrement dit, c'est la dette de la banque commerciale qui circule.

Au niveau de l'ensemble du système financier, ce sont donc davantage les crédits qui engendrent les dépôts que l'inverse, contrairement à l'intuition première et aux présentations qui sont souvent faites. L'ensemble de l'édifice repose ainsi sur la confiance, et, étant donné l'impact important des banques sur l'ensemble de la société, la puissance publique est fondée à exiger que cette confiance repose sur des garanties.

Outre le soutien à la stabilité financière par la définition de règles de prudence de nature à sauvegarder la confiance, la régulation est nécessaire pour contrebalancer l'aléa moral lié à la possibilité d'intervention de l'État dans le sauvetage d'une banque en faillite. On pourrait en effet considérer que l'établissement financier lui-même a intérêt à sa propre survie et peut donc mettre en place de lui-même les mesures de prudence qui s'imposent. Un tel raisonnement contient deux écueils : le premier réside dans le fait que les décideurs peuvent avoir personnellement intérêt à privilégier la rentabilité à court terme et qu'ils ne supportent pas eux-mêmes les risques qu'ils font porter à d'autres à long terme. Il suffit pour cela de constater que Pierre Richard, président de la banque Dexia au moment de sa faillite, touche une retraite chapeau de plusieurs centaines de milliers d'euros... De plus, même s'ils étaient dotés d'une gouvernance permettant de prendre en compte un objectif de survie, les organismes financiers peuvent être tentés d'anticiper la probabilité d'un sauvetage par l'État pour protéger les clients en cas de risque de faillite. Même dotées d'une rationalité parfaite, les banques pourraient donc être enclines à prendre des risques trop importants. La conséquence d'un tel fonctionnement est bien connue : les risques sont pris, *in fine*, par le contribuable, et la rémunération de ces risques est captée par le secteur privé. Par la supervision et la régulation bancaire, l'État rétablit donc l'équilibre et protège ses intérêts.

L'industrie de l'assurance relève d'une logique un peu différente : si certains produits assimilables à de l'épargne peuvent être marqués par des risques comparables à ceux d'une panique bancaire (lorsque tous les déposants se précipitent au guichet pour retirer leurs avoirs), les produits plus classiques sont surtout caractérisés par une inversion du cycle de production. En effet, la prime (ou la cotisation) d'assurance est encaissée avant la survenue de l'événement qui déclenche la prestation, avec un coût qui n'est pas connu à l'avance mais estimé sur des bases statistiques. Dès lors, la gestion assurantielle est assise sur la maîtrise de l'aléatoire, et la protection des assurés rend nécessaire le respect de normes de prudence.

Une fois admise la nécessité d'une régulation prudentielle des organismes financiers, il paraît utile d'étudier les marges de manœuvre possibles : sans rentrer dans le détail de mécanismes extrêmement complexes, il est possible de tenter d'appréhender la philosophie d'ensemble de la régulation.

Comme nous avons pu le voir sur plusieurs exemples, l'objet premier de la régulation est de s'assurer de la capacité d'un organisme à faire face à ses engagements, y compris dans des circonstances exceptionnelles. C'est pour cette raison que la notion de « fonds propres » est souvent employée : ces derniers correspondent aux ressources qu'une entreprise ne doit à personne. Par exemple, les fonds apportés par les actionnaires entrent dans cette catégorie : lors d'une émission de capital, l'entreprise reçoit de l'actionnaire une somme qu'elle n'est jamais censée lui rembourser, et l'actionnaire ne peut récupérer sa mise que s'il trouve un acheteur. C'est uniquement en cas de faillite que la question de la répartition des fonds propres se pose, les « propriétaires » de l'entreprise n'étant servis qu'en dernier lieu, après les créanciers de toute sorte. En ce sens, s'assurer qu'une banque ou une assurance dispose de suffisamment de fonds propres au regard de ses engagements, c'est *grosso modo* contrôler, *via* la structure de son passif, la part de l'actif qui pourrait être perdue sans dommage pour les clients.

Cette approche par les fonds propres est complétée par la définition de nouveaux *ratios* de plus en plus techniques. Chaque crise financière met en lumière des défauts de résolution et appelle à ajuster les règles qui pèsent sur les organismes financiers. En ce sens, l'évolution constante des normes et exigences n'est pas le résultat d'un excès d'imagination des superviseurs, mais plutôt une réaction à l'inventivité permanente de l'ingénierie financière.

Côté bancaire, les standards sont discutés et négociés au sein du Comité de Bâle qui comprend 25 membres depuis 2009 et qui, suite à la crise de 2008, est parvenu à l'accord dit de Bâle III, appelé à entrer progressivement en application entre 2013 et 2019. Il a été traduit dans l'Union européenne par la directive CRD4 et le règlement CRR, et s'applique donc également aux pays membres de l'Union qui ne font pas partie du Comité de Bâle. Il redéfinit non seulement le besoin en fonds propres mais construit également un ratio de levier, qui compare les fonds propres au total de l'actif de la banque, et deux ratios de liquidité, avec pour idée d'affecter aux actifs un poids qui dépend de leur degré de liquidité afin de vérifier *grosso modo* qu'en temps de crise, les sorties à prévoir restent inférieures aux ressources.

Pour les assurances, c'est le cadre européen qui sert de définition au régime prudentiel de « Solvabilité II », entré en application en 2016. Avec des outils spécifiques à ce secteur particulier, il définit également les exigences de fonds propres, un contrôle sur la bonne gestion de l'entreprise et les procédures de surveillance, et enfin la publication d'informations permettant au public et aux autorités de contrôle de juger de la conformité de l'analyse de l'assureur à la réalité de sa situation.

Les accords internationaux n'empêchent pas la prise d'initiative au niveau national, comme l'a fait l'administration Obama avec le Dodd-Frank Act, loi mise en place aux États-Unis en 2010 pour répondre à la crise des *subprimes* en responsabilisant les acteurs financiers, en protégeant les consommateurs et en mettant fin au chantage au sauvetage des banques (notamment les plus grosses). Cette loi comporte de très nombreux volets renforçant l'action régulatrice, et notamment la « règle Volcker », emblématique parce qu'elle fait écho au débat bien connu sur la séparation bancaire. Le législateur américain a été très marqué par le scandale de Goldman Sachs qui pariait à la baisse sur des obligations Abacus tout en encourageant ses clients à investir, ce qui plaçait en conflit direct son activité de spéculation pour compte propre et son activité de détail. La règle Volcker n'est pas une séparation stricte entre banque de dépôt et banque d'investissement, comme c'était le cas sous le Glass-Steagall Act en vigueur de 1933 à 1999, mais un compromis qui limite la participation des banques dans des fonds d'investissement. Ce point est toutefois essentiel et devrait servir d'inspiration à l'échelle européenne : pour que la régulation soit efficace, il est impératif de limiter les liens entre les banques et les *hedge funds*, afin d'éviter un transfert vers le *shadow banking* des risques qu'on ne souhaite pas voir pris par le secteur.

En France, la loi du 26 juillet 2013 portait en principe sur la séparation des « activités utiles au financement de l'économie » et des « activités spéculatives », en obligeant les banques à cantonner dans une filiale spécifique les activités les plus risquées. En pratique, la portée de cette loi a été très contestée dès sa discussion en raison du caractère réduit du périmètre des activités conduisant à une filialisation. Puis, l'absence de signature des textes d'application en réduit encore la portée, à un tel point qu'au final, seules deux banques sont obligées de recourir à la filialisation, pour des volumes jugés très faibles.

La Commission européenne a proposé en janvier 2014 sa version de la règle Volcker, mais, depuis, le projet peine à être adopté. Il apparaît donc nécessaire d'évaluer, au niveau français ou européen, le chantier de la prévention de la contamination du risque des activités les plus spéculatives à la clientèle de la banque de détail, pour éviter que cette dernière ne soit amenée à supporter un risque qu'elle n'a pas choisi et pour lequel elle n'est pas rémunérée. En sens inverse, c'est en réalité l'absence de séparation de ces deux types d'activité qui fait peser le poids de la régulation prudentielle sur les activités de détail. Pour celles-ci, le *statu quo* actuel constitue une « double peine » : elles supportent le risque potentiel des activités de marché et les contraintes prudentielles sans doute surcalibrées pour elles, imposées au niveau des groupes.

Enfin, dans la réflexion complexe sur la supervision financière, il faut garder en tête le besoin de mesurer l'impact social des règles introduites : la régulation pouvant conduire à favoriser une catégorie d'actif par rapport à d'autres, il conviendra de vérifier si cela n'induit pas de distorsion artificielle des prix ou des volumes de ces actifs. L'exemple de la pression immobilière est parfois cité, mentionnons également à nouveau les travaux de Gaël Giraud pour faire évoluer l'environnement prudentiel et comptable dans le sens d'une réorientation des liquidités disponibles vers des financements verts.

À quel niveau réguler ? Renforcer la gouvernance européenne et mondiale en matière financière

La nécessité de la régulation, pour protéger le consommateur et prendre en compte l'aléa moral, pose également la question du niveau auquel cette surveillance doit intervenir. Les organismes financiers sont touchés par la mondialisation, et ils sont nombreux à avoir un impact important dans plusieurs pays : c'est ce que recouvre la notion de « systémicité », applicable à une crise (la crise des *subprimes*, typiquement américaine mais qui contamine l'essentiel du monde) mais aussi à un organisme (est dite « systémique » une banque ou une assurance dont la faillite aurait un effet significatif sur la finance mondiale).

Au-delà de la taille des organismes financiers, la possibilité d'une concurrence internationale implique également que la régulation soit coordonnée entre les principaux pays d'une région, afin d'éviter que se développent des « paradis financiers ».

Cette nécessité d'une coordination internationale au sujet de la régulation financière est aujourd'hui largement prise en compte, comme indiqué plus haut avec le cadre du Comité de Bâle, ou encore avec Solvabilité 2 en Europe. Toutefois, il peut apparaître à certains égards que le fonctionnement actuel n'est pas encore tout à fait optimal, car il induit que les principes de régulation sont le fruit d'accords entre des représentants de chaque pays, pour qui une bonne règle est non seulement une règle efficace au regard des critères fixés mais aussi, secondairement, une règle qui ménage au maximum les organismes de son pays. Ainsi, de façon classique en négociation, tous ont intérêt à ce que la régulation soit mise en place mais chacun préfère que cela se fasse au détriment du voisin, avec le phénomène archétypique du « passager clandestin ». Or, les établissements financiers présentent des modèles parfois très différents d'un pays à l'autre, et donc une même mesure peut avoir des impacts très variés.

Par conséquent, la régulation n'est possible que s'il existe, à un stade plus ou moins avancé, une gouvernance internationale. En ce sens, la construction européenne constitue un rempart à la perte de souveraineté des peuples au profit de leurs banques : même matinées d'un saupoudrage social, les postures souverainistes constituent paradoxalement le point de départ d'une fuite en avant dérégulatrice. Si le projet européen et l'avènement d'une gouvernance mondiale ne rentrent pas dans le champ de cet ouvrage, il fallait souligner leur nécessité face aux évolutions du monde financier.

Que réguler ? Élargir intelligemment le champ de la régulation financière

Penser la régulation financière consiste à se frayer un chemin entre deux écueils opposés : une confiance absolue dans un caractère autorégulateur du système financier d'une part, et une diabolisation de toute la sphère financière d'autre part. D'une certaine manière, François Hollande est passé d'un extrême à l'autre, du discours du Bourget désignant un « ennemi » au détricotage de la loi de séparation bancaire ou aux pressions pour épargner la finance hautement spéculative de la taxation sur les transactions. Réfléchir à la régulation consiste au contraire à prendre de la distance avec les poncifs et à réfléchir toujours à la juste place du système financier dans nos économies et plus globalement dans nos sociétés. Le chemin de crête qui nous est proposé n'est pas facile : il ne faut ni oublier que les banques et les assurances doivent conserver les moyens nécessaires au financement de l'économie, ni céder au chantage que leur *lobbying* peut pratiquer à ce sujet.

S'il est donc nécessaire d'élargir le champ de la régulation financière, ce n'est donc pas pour étendre la mainmise administrative des pouvoirs publics mais bien pour combler les trous laissés par une innovation et une ingénierie financières qui vont plus vite que l'adaptation de la supervision.

Comme cela a déjà été évoqué plus haut, l'arrivée de nouveaux acteurs issus de l'innovation technologique et de ce qu'il convient désormais d'appeler la FinTech suppose d'adapter la régulation à leur modèle spécifique, afin de continuer à protéger le consommateur et à sauvegarder la confiance et la stabilité financière, sans pour autant étouffer dans l'œuf les nouvelles opportunités qui se présentent.

Chapitre 9

Lutter contre les paradis fiscaux : c'est possible !

Les questions de l'évasion fiscale ne sont pas au cœur du sujet de cet ouvrage, car elles sont en général abordées plutôt sous l'angle des finances publiques, en raison du manque à gagner qu'elles génèrent. Pour autant, qu'elle soit légale ou frauduleuse, l'évasion fiscale organisée s'appuie sur des filières spécifiques dont l'existence et le fonctionnement affectent l'ensemble de l'écosystème financier. Comme le démontre de manière très convaincante Gabriel Zucman dans son ouvrage *La Richesse cachée des nations*[35], il existe de nombreux exemples de crises financières dans lesquelles les paradis fiscaux ont joué un rôle prépondérant : il suffit de penser à Chypre (2012-2013) ou à l'Islande (2008). L'évasion fiscale est également la source de scandales politiques répétés et un vecteur d'aggravation sensible du déséquilibre des finances publiques. Il nous paraissait

[35] Gabriel Zucman, *La Richesse cachée des nations*, Seuil, 2013. Une deuxième édition est parue en octobre 2017, augmentée notamment des leçons des *Panama papers*.

donc impensable de clore cet ouvrage sans mentionner le besoin de mettre en œuvre une politique de lutte contre l'évasion fiscale.

Si les chiffrages varient, tous les experts s'accordent à dire que le manque à gagner est colossal et que l'image habituelle de montages financiers très complexes est en grande partie galvaudée : en réalité, la seule chose qui manque pour se battre contre l'évasion fiscale, c'est une véritable volonté politique.

Lutter contre l'évasion fiscale suppose donc de disposer de moyens de pression sur les pays qui l'accueillent : à la fois pour mettre fin au secret qui permet d'échapper frauduleusement à l'impôt, et pour éviter la captation légale de ressources par une fiscalité attractive. Celle-ci constitue une concurrence déloyale, entre États et entre entreprises. Gabriel Zucman souligne l'intérêt de la création d'un *« cadastre financier mondial »* : l'idée paraît moins irréaliste qu'au premier abord si l'on considère d'une part qu'il ne s'agit que d'étendre au niveau mondial un système qui existe déjà en France *via* la transmission des informations bancaires à l'administration fiscale, et d'autre part car des sociétés comme Euroclear, Clearstream (dépositaire central avant d'être une chambre de compensation) ou encore la Depository Trust Corporation existent déjà et sont susceptibles d'alimenter un registre qui serait centralisé au FMI.

Par ailleurs, des sanctions sont également nécessaires pour faire plier les paradis fiscaux : il suffit d'imposer des droits de douane dont le coût est supérieur à ce que le pays retire de l'évasion fiscale pour le contraindre à abandonner l'opacité. Cela est possible pour des grands pays comme la

Suisse : si la France, l'Allemagne et l'Italie[36] se coordonnaient pour menacer d'imposer un droit de douane de 30 %, la perte financière de la Suisse serait supérieure à ses gains de paradis fiscal. Pour des plus petits pays comme le Luxembourg, des sanctions plus contraignantes doivent être envisagées. L'auteur précise enfin que de telles mesures ne sauraient être vues comme des entorses aux principes de l'Organisation mondiale du commerce dans la mesure où les barrières douanières ne font que compenser les entorses au libre-échange que constitue le secret bancaire, conçu pour *« spolier les gouvernements voisins »*. Ces propositions restent très largement d'actualité, en dépit d'un plan adopté par l'OCDE en 2015 et regroupant 62 pays pour lutter contre l'évasion fiscale des multinationales en s'attaquant notamment aux transferts de bénéfice vers un pays fiscalement avantageux.

À cet égard, l'Union européenne donne déjà un cadre très strict pour lutter contre le *dumping fiscal* de certains de ses États membres. Il est d'ailleurs confondant qu'il ait fallu attendre la crise de 2008, et l'offensive du président Obama contre les entreprises américaines qui y optimisaient leur résultat fiscal, pour voir la Commission européenne engager des procédures au titre du contrôle des aides d'État. Dans le cas de l'Irlande, ces procédures visaient un État membre qui a, en outre, considérablement bénéficié de l'aide des fonds structurels européens…

Accessoirement, les scandales politiques qui se succèdent font entrevoir que la lutte contre la fraude fiscale nécessite, en France, de mettre fin au « verrou de Bercy » qui veut que ce soit le ministère du Budget qui

---

36 L'un des grands apports de l'ouvrage est d'identifier précisément les coalitions internationales à même de venir à bout de ce fléau.

décide seul de l'opportunité de poursuites judiciaires en matière de fraude fiscale, avec par exemple pour effet qu'un fonctionnaire qui découvre l'existence d'un délit et en informe, conformément à la loi, le procureur de la République, peut faire l'objet de mesures disciplinaires.

Au final, il paraît donc possible de lutter efficacement contre l'évasion fiscale afin non seulement de soulager les finances publiques mais aussi de mettre un terme aux risques importants que font porter les banques *offshore* sur la stabilité financière mondiale.

Conclusion

Nos propositions sont concrètes

Le monde contemporain souffre d'une hypertrophie de la sphère financière, associée à un corpus économique construit pour gérer la rareté des liquidités, alors même que celles-ci sont désormais surabondantes.

Le déséquilibre entre la sphère réelle et la sphère financière fragilise des pans entiers de l'économie réelle, des ressources naturelles et de la paix sociale.

Enfin, l'écrasante majorité des politiques économiques occidentales part du principe qu'il suffit de favoriser encore davantage l'offre de financements pour accroître les investissements privés[37] et donc la croissance du PIB, alors même qu'il n'y a pas de restriction massive du crédit et que donc, dans cette optique, ce sont les projets à financer qui manquent, davantage que les sources de financement.

---

[37] Bizarrement, l'approche est très différente pour les investissements publics, que le discours dominant cherche à réduire au lieu de lui trouver des financements…

Pour autant, les individus et les entreprises n'ont qu'une jouissance relative du volume de flux financiers disponibles sur les marchés : nombreux sont les acteurs handicapés par l'exclusion financière, ou au contraire piégés par le surendettement.

Les nombreux exemples développés, dans le champ de l'accompagnement ou encore de la finance solidaire, prouvent qu'il existe des acteurs financiers traditionnels prêts à sortir des sentiers battus, pour peu qu'on les encourage et qu'on fédère les parties prenantes (associations, collectivités…).

Ces partenariats de différents types de personnes et d'institutions préfigurent ce que pourraient produire les principes de l'Économie de la réciprocité, appliqués au domaine de la finance : si elles s'en tiennent à la gouvernance actionnariale classique, les banques ignorent des besoins légitimes ou proposent parfois des produits mal ajustés, mais l'intervention d'intermédiaires extérieurs leur permet une prise de recul qui les ouvre à une clientèle plus large et plus durable.

Si cet ouvrage s'est employé à décrire le milieu financier et à expliquer comment il pouvait être un bon serviteur, il contient également de nombreuses propositions politiques pour éviter d'en faire un mauvais maître.

Par ailleurs, nous appelons à dynamiser le soutien public à l'économie, au travers de banques publiques se finançant sur les marchés, mais aussi à réfléchir à l'opportunité d'un recours à la création monétaire publique, pour les projets les plus essentiels, dans un cadre bien défini.

Enfin, nous invitons à repenser la politique fiscale et la régulation financière à une échelle plus large, en travaillant à une gouvernance européenne et mondiale.

Ces trois axes principaux se déclinent en quelques propositions concrètes, destinées à ouvrir le débat sans s'enfermer dans le champ purement théorique :

1. suivre et adapter la liste des produits bancaires qui doivent être proposés dans les « offres de base » afin de dessiner les contours d'un « compte pour tous », avec carte de paiement ;

2. promouvoir la banque à distance comme outil d'inclusion financière ;

3. continuer à développer l'accompagnement associatif et financier des plus démunis en fédérant les différents types d'acteurs, et élargir le cadre du redressement personnel pour mieux tenir compte des effets d'anciennes faillites professionnelles, en s'inspirant par exemple de la possibilité de faillite civile en vigueur en Alsace-Moselle en cas d'insolvabilité notoire ;

4. venir en aide aux pays émergents en soutenant les institutions de microfinance qui s'appuient sur des acteurs locaux dont la vocation sociale est première ;

5. restreindre le champ du crédit renouvelable et détecter les vulnérabilités par l'usage abusif des découverts bancaires pour orienter les personnes vers un accompagnement dédié ;

6. faire accompagner les prêts immobiliers d'un dispositif associant assistance et facilité de trésorerie par la banque, afin de régler précocement les difficultés de remboursement ;

7. refondre les règles de fixation du taux de l'usure en tenant compte de la présence de situations non concurrentielles sur certains segments ;

8. relancer les réflexions sur les conditions d'un registre positif du crédit ;

9. continuer à identifier les lacunes du financement par le secteur privé et y remédier par des mécanismes de type « banque publique d'investissement » ;

10. développer des innovations financières qui reconnectent la finance à l'économie réelle, telles que le Financement 4P (pour Principe du Partage des Profits et des Pertes) dont le coût est déconnecté du taux d'intérêt, et se définit au contraire en fonction de la performance réelle du projet ou de l'entreprise ;

11. développer des titres financiers spécifiques adossés à des projets d'infrastructures publiques en vue de faciliter le financement des retraites ;

12. étudier la possibilité d'enclencher des mécanismes politiques de financement par l'émission monétaire, sur des sujets identifiés comme la transition écologique ;

13. engager une réflexion à l'échelle européenne sur la réglementation des délais de paiement d'un client à son fournisseur et sur la systématisation du paiement d'arrhes ;

14. développer la médiation interentreprises, en offrant par exemple au fournisseur qui s'engage dans cette voie la possibilité de disposer temporairement d'un crédit d'affacturage à taux plus faible ;

15. investiguer systématiquement les relations entre les centrales d'achat et la grande distribution, d'une part, et les PME d'autre part, en vue d'identifier d'éventuelles infractions au droit de la concurrence ;

16. développer la finance solidaire en s'appuyant sur ses acteurs, et notamment en faisant écho aux propositions de Finansol ;

17. encourager et réglementer les plateformes de *crowdfunding* et tous les nouveaux outils des FinTech, pour protéger leurs clients en les informant des natures de risque ;

18. consolider l'intégration financière et politique des États de la zone Euro ;

19. rééquilibrer les contributions par l'impôt en convoquant des états généraux de la fiscalité ;

20. penser une régulation qui ne passe pas seulement par les États, et construire les bases d'une gouvernance financière mondiale ;

21. lutter contre les paradis fiscaux en œuvrant pour la création d'un cadastre financier mondial et mettre en place des coalitions de pression sur les pays en utilisant notamment des barrières douanières.

Associées à d’autres idées conformes à la philosophie d’ensemble mise en avant dans cet ouvrage, ces quelques pistes contribueront à créer les conditions permettant de mener à bien nos nombreux projets pour le monde réel et les personnes qui le composent.

Bibliographie

Allen, F., Demirgüç-Kunt, A., Klapper, L., & Martinez Peria, M., "The Foundations of financial Inclusion: Understanding Ownership and Use of Formal Accounts", *World Bank's Policy Research Working Paper*, décembre 2012.

Ampudia, M., & Ehrmann, M., "Financial inclusion-what's it worth?", *Working Paper Series,* juin 2015.

Badré, B., *Money Honnie : Et si la finance changeait le monde ?*, Débats Publics éditions, 2016.

Bank for International Settlements and World Bank Group, Committee on Payments and Market Infrastructure, *Consultative report – Payment aspects of financial inclusion*, 2015.

Banque de France, *Étude des parcours menant au surendettement,* 2014.

Banque de France, *Le Surendettement des ménages : enquête typologique 2015*, 2016.

Bontems, P., & Rotillon, G., *L'Économie de l'environnement*, La Découverte, 2003.

Cámara, N., & Peña , X., "New Banking, Banking for All: the 'Peru Model'", *BBVA resarch Working Paper*, septembre 2014.

Cámara, N., Peña, X., & Tuesta, D., "Factors that Matter for Financial Inclusion: Evidence from Peru", *BBVA research Working Paper*, février 2014.

Carbó, S., Gardener, E., & Molyneux, P., "Financial exclusion in Europe", *Public Money and Management*, 2007, 27, p. 21-45.

Carbó, S., Humphrey, D., Maudos, J., & Molyneux, P., "Cross-country comparisons of competition and pricing power in European banking", *Journal of International Money and Finance*, 2009, 28, p. 115-134.

Coffinet, J., & Jadeau, C., « Crédits à la consommation : tendances récentes et profil des emprunteurs », *Bulletin de la Banque de France*, 2015, n°202, p. 21-33.

Coffinet, J., & Jadeau, C., "Consumer credit: recent trends and profile of borrowers", *Quaterly selection of articles*, 2016, n° 40, p. 5-18.

Coffinet, J., & Jadeau, C., "Household financial exclusion in the Eurozone: the contribution of the Household Finance and Consumption Survey", *IFC-National Bank of Belgium Workshop on "Data needs and Statistics compilation for macroprudential analysis"*, 18-19 mai 2017.

Coffinet, J., Devost, G., Ghorbel-Karker, C., & Jadeau, C., *Does consumer credit support domestic growth or imports? Evidence from France*, Congrès annuel de l'AFSE, 2016.

Coffinet, J., Jadeau, C., & Perillaud, S., « Tendances récentes du crédit à la consommation », *Bulletin de la Banque de France*, 2016, n°208, p. 29-41.

Comité de suivi de la réforme de l'usure, *Premier rapport annuel*, 2012.

Comité de suivi de la réforme de l'usure, *Second rapport annuel*, 2013.

Comité de suivi de la réforme de l'usure, *Troisième rapport annuel*, 2014.

Commission européenne, *Financial Services Provision and Prevention of Financial Exclusion*, mars 2008.

Cull, R., Demirgüç-Kunt, A., & Morduch, J.,"Microfinance meets the market", *Journal of Economic Perspectives*, 2009, volume 23, n° 1, p. 167-192.

De Montlibert, C., « Les surendettés ou les déchus du monde économique », *Regards sociologiques*, 2006, n°32, p. 109-133.

Deku, S., Kara, A., & Molyneux, P., "Access to consumer credit in the UK", *Bangor Business School Working Paper*, septembre 2014.

Demirgüç-Kunt, A., & Klapper, L., "Measuring Financial Inclusion: Explaining Variation in Use of Financial Services across and within Countries", *Brookings Papers on Economic Activity*, 2013.

Dorbec, A., « Les systèmes d'information sur la solvabilité: analyse théorique et comparative. Des indicateurs pour mesurer le droit ? », *in* A. Mérieux, dir., *Les Limites des rapports Doing Business*, 2006, p. 99-149.

Du Marais, B., « Crise de la régulation ou "capture du régulateur"? », *in* A. Mérieux, dir., *Rapport moral sur l'argent dans le monde*, 2009.

Du Marais, B., & Ordody, S., « Une nouvelle approche du financement des entreprises : le principe du partage des profits et des pertes (4P) », *in* A. Mérieux, dir., *Rapport moral sur l'argent dans le monde*, 2013, p. 195-207.

Du Marais, B., & Ordody, S., « Le 4P, un produit financier innovant pour favoriser l'investissement », *Le Monde*, 20 juin 2014, p. 6.

Earle, J., Moran, C., & Ward-Perkins, Z., *The Econocracy - On the perils of leaving economics to the experts. Manchester Capitalism.* Manchester University Press, 2016.

Fougère, D., Golfier, C., Horny, G., & Kremp, E., « Quel a été l'impact de la crise de 2008 sur la défaillance des entreprises ? », *Document de travail de la Banque de France*, 2013, (463).

France Innovation, Pôle de compétitivité, *Livre Blanc : pour une finance au service de l'économie sociale et solidaire*, 2013.

Fungáčová, Z., & Weill, L., "Understanding financial inclusion in China", *China Economic Review*, 2015, (34), p. 196-206.

Gabrielli, D., Raoult-Texier, B., & Vandermolen, A.-C., « Le microcrédit accompagné », *Bulletin de la Banque de France*, 2013, n°191, 67-73.

Giraud, G., *Illusion financière*, Les éditions de l'Atelier, 2012.

Godron, M., *Écologie intégrale*, L'Harmattan, 2017.

Gomez, P.-Y., *Intelligence du travail*, Desclée de Brouwer, 2016.

Irving Fisher Commitee on Central Bank Statistics, *Measures of financial inclusion – a central bank perspective*, juin 2016.

Jadeau, C., Jousselin, E., Roux, S., & Verdugo, G., « Les entreprises dans la crise : premiers résultats d'une enquête européenne », *Bulletin de la Banque de France*, 2015, 2 (201).

Jadeau, C., Jousselin, E., Roux, S., & Verdugo, G.,"The behaviour of French firms during the crisis: evidence from the wage dynamics network survey", *Documents de travail de la Banque de France*, 2015.

Kremp, E., & Sevestre, P., « Did the crisis induce credit rationing for French SMEs?". *Journal of Banking and Finance*, 2013, p. 3757-3772.

Labrune, G., « Le microcrédit : une opportunité économique et sociale ? » *Rapport au Conseil économique, social et environnemental*, 2010.

Landais, C., Saez, E., & Piketty, T., *Pour une révolution fiscale: un impôt sur le revenu pour le XXIe siècle*, Seuil, 2011.

Lasch, C., *La Révolte des élites et la trahison de la démocratie*, Flammarion, 1995.

Mastercard Financial Inclusion Survey, "The road to Inclusion". *Key Learning Report*, 2016.

Michéa, J.-C., *Notre ennemi, le capital*, Flammarion, 2017.

Milbank, J., & Pabst, A., *La Politique de la vertu*, Desclée de Brouwer, 2018.

Mounier, E., *Le Personnalisme*, Presses universitaires de France, 1949.

Obert, P., de Roux, P., & Les Poissons Roses, *À contre-courant : Pour guérir la gauche et relancer la France*, Le Cerf, 2016.

Observatoire de l'inclusion bancaire, *Rapport annuel*, 2015.

Pape François, *Laudato Si. Sur la sauvegarde de la maison commune*, Salvator, 2015.

Roche, B., & Jakub, J., *Completing Capitalism - Heal business to heal the world*, Berrett-Koehler Publishers, 2017.

Rutherford, S., *Grameen II - The First Five Years 2001-2005*, MicroSave, 2016.
Tuesta, D., Sorensen, G., Haring, A., & Cámara, N.,"Financial inclusion and its determinants: the case of Argentina", *BBVA research Working Paper*, janvier 2015.
Zucman, G., *La Richesse cachée des nations*, Seuil, 2013 ;2017.

Remerciements

Cet ouvrage n'aurait pu voir le jour sans les contributions, directes ou indirectes, de nombreuses personnes. Les auteurs remercient particulièrement tous les acteurs dont les travaux, académiques ou de terrain, ont servi d'inspiration aux quelques idées compilées dans ce livre, et à tous ceux qui ont à cœur de faire vivre une vision plus humaine de la finance.

Pour leur relecture attentive et leurs conseils efficaces, nous remercions plus précisément Olivier Clementin, Patrice Dunoyer de Segonzac, Michel Godron, Pierre-Yves Gomez, Nathanaël Mion, Patrice Obert, Guilhem Sartre et Michel Simmonet, ainsi que tous ceux qui ont porté, encouragé ou soutenu ce projet de mille façons.

Revue « Marché et Organisations »
L'Harmattan

Cahiers d'économie et de gestion thématiques dont le but est de promouvoir la recherche originale sur les relations de plus en plus étroites qui se tissent entre le marché et les organisations. Les acteurs économiques de taille, de puissance et de pouvoir différents dont les intérêts peuvent être convergents, complémentaires ou, le plus souvent, antagoniques, ont tendance à organiser les marchés. La raison du marché, pourtant, est la référence stratégique pour l'entreprise ainsi que pour les institutions publiques de décision économique.

Numéros parus :

N°1 : Artisanat. La modernité réinventée, 2006
N°2 : La petite entreprise, elle a tout d'une grande. De l'accompagnement aux choix stratégiques, 2006
N°3 : Tourisme et Innovation. La force créative des loisirs, 2007
N°4 : Le travail. Formes récentes et nouvelles questions, 2007
N°5 : Les universités et l'innovation. L'enseignement et la recherche dans l'économie des connaissances, 2007
N°6 : Entrepreneuriat et accompagnement. Outils, actions et paradigmes nouveaux, 2008
N°7 : Développement durable des territoires. Economie sociale, environnement et innovations, 2008
N°8 : Développement durable et responsabilité sociale des acteurs, 2009
N°9 : Gouvernance : exercices de pouvoir, 2009
N°10 : Le travail collaboratif. Une innovation générique, 2009
N°11 : Economie sociale et solidaire. Nouvelles trajectoires d'innovations, 2010
N°12 : Relations à la marque et marques de la relation. Regards croisés sur le management relationnel de la marque, 2010
N°13 : Les contrats au service de la recherche ?, 2011
N°14 : Le potentiel économique de l'Afrique subsaharienne, 2011
N°15 : Management de la distribution, 2012
N°16 : Territoire Vert. Entreprises, Institutions, Innovations, 2012
N°17 : Eco-conception, conception et innovation. Les nouveaux défis de l'entreprise, 2013
N°18 : Intelligence économique : entreprises et territoires, 2013
N°19 : La finance globale. Un monde fini, 2013
N°20 : La crise du « développement », 2014
N°21 : La Chine innove. Politiques publiques et stratégies d'entreprise, 2014
N°22 : Go East! Nouvelles Economies de Marché, 2015
N°23 : L'économie du changement, 2015
N°24 : Le temps des artisans. Permanences et mutations, 2015
N°25 : Innovations de proximité et esprit d'entreprise, 2016
N°26 : L'avenir des économies du Maghreb : entre inertie structurelle et envie de rupture, 2016/3 (n° 27)
N°27 : Le sport aux frontières du marché du travail, 2016
N°28 : Dynamiques internationales des entreprises, 2017
N°29 : L'univers du risque, 2017
N°30 : Les petites entreprises dans l'histoire industrielle, 2017
N°31 : Economie sociale et *social business* ? Au défi d'entreprendre et se financer, 2018
N°32 : Éducation et fertilisation des économies africaines, 2018
N°33 : L'entrepreneuriat innovant dans les pays du Maghreb, 2018

Collection « L'esprit économique »

fondée par Sophie Boutillier et Dimitri Uzunidis en 1996
dirigée par Sophie Boutillier, Blandine Laperche, Dimitri Uzunidis

Dernières parutions

► ***Série Economie et Innovation***
M.-J. POLLET-VILLARD, *L'innovation dans les services. Cadre d'une analyse dynamique fondée sur les réseaux*, 2017.
B. CHRISTOPHE, *La décroissance écologique transforme l'entreprise*, 2017.
G. ACHERMANN, *Territoires d'innovation en Russie, Ambitions et contraintes d'une politique de clusterisation*, 2018.
C. ABDOU LAHAD THIAW, *Innovation localisée pour le développement économique du Sénégal*, 2018.
N. ANIDO FREIRE, *Tradition et innovation : de l'opposition à la complémentarité*, 2018.
C. BERGHMANS (dir.), *Intelligence et compétences émotionnelles en entreprise : perspectives multiples*, 2018.
T. MICHAUD, *La réalité virtuelle : de la science-fiction à l'innovation*, 2018.
► ***Série Le Monde en Question***
W. AMEDZRO St-HILAIRE, *Reconstruire l'Afrique. Nouvelle gouvernance et projet de développement*, 2014.
M. SANTI, *Misère et opulence. Chroniques d'austérité globalisée*, 2015
J.-M. BOUSSARD, *Les prix agricoles. Nouveau dialogue sur le commerce des bleds*, 2017
C. BASTIDON, O. GBAGUIDI A. GHOUFRANE, A. SILEM (dir.), *Commerce, investissement et développement durable en Afrique*, 2017.
L. BOURQUIN, *Europe 3.0 : le grand réveil*, 2017.
A. ROSOWSKY, *De l'économie de pillage a la société désagrégée, un essai sur la révolution thatchérienne*, tomes 1 & 2, 2017.
M. AMAN, *Currency board* (caisse d'émission) à Djibouti. Quelles implications économiques ?, 2018.
► ***Série Krisis***
A. MARQUEZ-VELASCO, *Politique et économie. 10 mesures phares pour un monde meilleur*, 2015.
R. GOODFELLOW, *Le cycle des crises aux États-Unis depuis 1929. essai de systématisation de la conjoncture*, 2016.
M. LAUDET, *Aux origines de l'économie politique : Antoine de Montchrestien et son « traicte de l'oeconomie politique »*, 2016.
J. HUERTA DE SOTO, *La théorie de l'efficience dynamique*, 2017.
Y. LEVANT, S. TREBUCQ, *Théorie comptable et sciences économiques du XVe au XXIe siècle, mélanges en l'honneur du professeur Jean-Guy Degos*, 2018.
M. WIELEZYNSKI, *Retour sur l'origine du profit : et si l'économie changeait de paradigme…*, 2018.
► **Série *Clichés***
S. BOUTILLIER, D. UZUNIDIS (dir.), *La Russie européenne. Du passé composé au futur antérieur*, 2008.
R. VOLPI, *La négociation. Pain, paix, liberté*, 2009.
► ***Série Cours Principaux***
J.-P. MOCKERS, *Court traite d'économie et de politique économique*, 2016.
P.-Y. CARASCO, Prix de transfert et stratégies d'optimisation fiscale de la firme multinationale, 2017.
O. ESNEU, *Fondements de droit. Manuel d'initiation*, 2018.
B. LANDAIS, *Les fluctuations économiques, une synthèse nouvelle*, 2017.
S. FREZAL, *Quand les statistiques minent la finance et la société. Risque, responsabilité et décision*, 2018.
O. ESNEU, *Le droit du transport routier de marchandises (TRM)*, 2018.
► ***Série L'économie formelle***
F. BISMANS, *La grande récession : un autre regard sur des temps troubles (2007-2013)*, 2016.
B. SCHWENGLER, *De l'inflation à la dette publique : analyse des discours politiques*, 2016.
S. PARK, *Les abus de puissance économique dans les relations commerciales déséquilibrées*, 2018.

Structures éditoriales du groupe L'Harmattan

L'Harmattan Italie
Via degli Artisti, 15
10124 Torino
harmattan.italia@gmail.com

L'Harmattan Hongrie
Kossuth l. u. 14-16.
1053 Budapest
harmattan@harmattan.hu

L'Harmattan Sénégal
10 VDN en face Mermoz
BP 45034 Dakar-Fann
senharmattan@gmail.com

L'Harmattan Cameroun
TSINGA/FECAFOOT
BP 11486 Yaoundé
inkoukam@gmail.com

L'Harmattan Burkina Faso
Achille Somé – tengnule@hotmail.fr

L'Harmattan Guinée
Almamya, rue KA 028 OKB Agency
BP 3470 Conakry
harmattanguinee@yahoo.fr

L'Harmattan RDC
185, avenue Nyangwe
Commune de Lingwala – Kinshasa
matangilamusadila@yahoo.fr

L'Harmattan Congo
67, boulevard Denis-Sassou-N'Guesso
BP 2874 Brazzaville
harmattan.congo@yahoo.fr

L'Harmattan Mali
Sirakoro-Meguetana V31
Bamako
syllaka@yahoo.fr

L'Harmattan Togo
Djidjole – Lomé
Maison Amela
face EPP BATOME
ddamela@aol.com

L'Harmattan Côte d'Ivoire
Résidence Karl – Cité des Arts
Abidjan-Cocody
03 BP 1588 Abidjan
espace_harmattan.ci@hotmail.fr

L'Harmattan Algérie
22, rue Moulay-Mohamed
31000 Oran
info2@harmattan-algerie.com

L'Harmattan Maroc
5, rue Ferrane-Kouicha, Talaâ-Elkbira
Chrableyine, Fès-Médine
30000 Fès
harmattan.maroc@gmail.com

Nos librairies en France

Librairie internationale
16, rue des Écoles – 75005 Paris
librairie.internationale@harmattan.fr
01 40 46 79 11
www.librairieharmattan.com

Librairie l'Espace Harmattan
21 bis, rue des Écoles – 75005 Paris
librairie.espace@harmattan.fr
01 43 29 49 42

Lib. sciences humaines & histoire
21, rue des Écoles – 75005 Paris
librairie.sh@harmattan.fr
01 46 34 13 71
www.librairieharmattansh.com

Lib. Méditerranée & Moyen-Orient
7, rue des Carmes – 75005 Paris
librairie.mediterranee@harmattan.fr
01 43 29 71 15

Librairie Le Lucernaire
53, rue Notre-Dame-des-Champs – 75006 Paris
librairie@lucernaire.fr
01 42 22 67 13

www.ingramcontent.com/pod-product-compliance
Lightning Source LLC
LaVergne TN
LVHW021232061026
849535LV00008B/3024